東京学芸大学附属世田谷小学校

学びを自分でデザインする子どもを育てる学校

東洋館出版社

はじめに～子どもたちの変化に思うこと～

　本校では、文部科学省の研究開発学校指定を受け、令和元年度から、未来社会を創造的に生きる「学びを自分でデザインする子」を育成するための学習環境や教育課程についての研究に取り組んで参りました。

　知育や学習に限らずスポーツや生活体験などに至るまで、プログラムに沿った教育を幼少期から受けることが増えた現代においては、例えば受験に向けて訓練を積んだりスポーツ指導者の指示に沿って動いたりする中で、大人の指示に従って行動することが日常になっていると推察されます。また、うまくできた、勝負に勝ったという結果ばかりがよい評価を受ける傾向にあるようで、知らず知らずのうちに、人よりよい成績を目指したり他者を差し置いて自分だけがと考えたりする子どもも見られます。

　他律的な行動が習慣化されて自分の意志で動けない子どもや、勝ち負けなどの結果だけにこだわり他者に対して温かなまなざしをもてない子どもを、社会が望んでいるわけではないはずですが、そのような状況は存在するようです。

　現在の子どもたちが失っていくかもしれない2つのこと、「自分の興味・関心に沿って自分の頭で考えて自分なりの行動すること」と「周りにいる人の存在や気持ちを酌み取った上で行動すること」について、日常生活では身に付きにくいのであれば意図をもって経験させることに意味があるでしょう。

　順次ご紹介するとおり、「Laboratory」「Home」「Class」と3つの取組で進めている新しいシステム下での日々の様子を見ると、「Laboratory」「Home」の二者で、今述べた2つの課題に切り込むことができ、子どもたちの資質を伸ばすことに役立つ可能性があると感じます。その2つの力を伸ばすしくみが整ったときには、教員が工夫し意図をもってしかけをつくる「Class」での学習がより効果的になる、という流れができると期待しながら、子どもや教員たちの実践を見ています。

先行して実践し３年がすぎた「Laboratoryの時間」の考え方や取組の実際については、子どもたちの様子も交えて詳しく報告できると思います。「教わる」より「興味をもって自ら学んでいく」ことを目指し、各Laboratoryごとの方法で誘うことにより見られる「子どもたちが意欲的に学ぶ姿」も紹介します。

　授業の中で子どもから「これが終わった人は次に何をすればいいですか」「やることを決めてもらわないとできません」「これはやる意味があるのですか」というような発言がなくなることに始まり、自身の取り組む課題や自身が目指す姿を自ら選んで考えて行動できるような子どもの育成につながる流れを見付けることを期待しながら実践は進んでいます。これが可能になると、指導する教員の側も、さらに進んだ工夫をこらして、学ぶ機会を提供できるようになるだろうと想像します。

　また、他者との縦の序列意識よりも横の関係性をもてるように、『いつでもどこでも誰とでも、前向きに関わり進んでいける子ども』を目指して、１〜６年生の異年齢が集うHomeが考えられています。このシステムを１年間実践してみて、これを狙いどおり機能させていくために努力すべき点もわかってきていますし、そのための方法も経験値として積めていると思います。

　当初は異年齢集団での過ごし方に不慣れな子どももありましたが、学年末にはその要領もわかりHomeでの互いの関係性にほとんどの子が満足感を得ている様子が見られました。その手ごたえをもった子どもたちの２年目は、Homeのよい面が前面に出た落ち着いたスタートとなっています。これらの知見の記述が、本校の教員たちが行う実践研究の成果として価値あるものとなると信じていますので、本書の記述からお酌み取り頂けると幸いです。

　令和５年６月吉日　東京学芸大学附属世田谷小学校校長　及川　研

目次

第1章　理論編 学びをデザインする学習環境

第2章　実践編① Lab.で輝く子どもたち

第 1 章

理論編

学びをデザインする学習環境

「学びを自分でデザインする子ども」を育む教育課程の創造
～Laboratory、Home、Classの三領域で駆動する学校～

❶ 子どもが学びをデザインする環境を教職員がデザインする

1　はじめに

　先行き不透明な時代に対応するための教育をしなければならない。教育が個人の幸福追求と社会の維持・発展のためになされることを考えれば、教育にとって肝要とされるものが変わっていくのは必然である。SDGs、プログラミング教育、外国語教育の導入、主権者教育、金融教育など、様々な領域から教育に多くの期待がかけられ、内容も追加されている。

　今起きている事態、近い未来で想定されている危機への対応は当然、重要なことである。一方で、能動的によりよい社会を期待し参画していこうとすること、その社会の中で自己の幸福を能動的に追求することも必要だと考えた。そこで、この前向きな社会参画や幸福追求の実現に近付くために「学びを自分でデザインする子ども」を育む教育課程を考えた。

　学びをデザインするとは、「学びが自分（たち）のものであると自覚し、学びの目標、道筋、表現方法を思考し選択している状態」と本校では定めた。学校を小さな社会と見て、その中で自身の在り方をデザインする経験が、その後の学びを支え、ひいては社会のデザインと人生設計によい影響があると仮定している。

2　学びに参加し続けられるように

　不測の未来において能動的であるためにはいくつかの前提がある。自らが行う活動に価値を感じられること、その活動を行うための手立てを自らが有している、もしくは手立てをどうすれば得られるか見当がつくこと、そもそも活動の目標を自ら定めることなどが重要になる。ここ数年の社会の変化からしても、この目標や手立てが、即座に大きく変わってしまうことは想像が

つくだろう。これまで重要とされていたものをうまくこなすことだけでは十分でない。

　例えば、子どもが漢字テストで100点をとったなどのように、何か外部の指標に到達して満足することは学校教育の中でしばしば見られる。また、教師もそれでよしとしていることや保護者も、「テストで100点だったらご褒美をあげるよ」などと促すこともしばしば見られるだろう。

　もちろん漢字は文化としても思考の際に役立つ道具としても重要である。100点を目指して学び方を試行錯誤することや反復練習に粘り強く取り組むことにも価値がある。よくできたことを喜ぶことも褒めることも大切だ。しかし、テストのために学んだわけではない。その後どうするかがもっと重要なことだろう。

　一方、努力を重ねても漢字テストでは結果が出ない子もいる。練習量が少ないということでなく、個人がもつ認知的な特性がある。これは漢字に限らず、あらゆる分野で得手不得手がある。発達の早さや伸びる時期には個人差がある。教師はこのことを理解しているが、子どもによっては、同一学年で期待される標準的な到達度と比較して自分には素質が欠けていると認識してしまったり、自信を失ったりすることがある。それにより、学びに向かう原動力を失い、「勉強に向いていない」「落ちこぼれ」という認識を自分で強化することが現実に起きかねない。

　人の生涯において、ある時点で、特定の知識や技能が不足することよりも、「自分は学びに向いていない」と自己規定し、知らず知らずに学びの機会や挑戦する自由を失うことの方が学習者にとっても社会にとっても大きな損失になるだろう。不足を自覚し、克服しようとすることは学ぶ上では重要な要素だが、学ぶ原動力あってこそである。

　学校で学びながらもその外側には広大な学びの可能性があることを感じることや、自信を失わず自己の学びと向き合うことを通して、学びに参加し続けられるような学習環境を教職員はデザインする必要がある。前述のように「学びをデザインする子ども」の定義を状態としたのは、デザインできている

かどうかの到達度を図るのではなく、参加し続けることに重点を置いている
からである。

　デザインを外的な基準にして評価した途端に、それは「(学校では)こうす
ればいいんですよね?」という振る舞いを促し、デザインが形骸化するとと
もに、「自分には学びのデザインなんて難しすぎる。何をすればよいか誰か決
めてください」という受動的な態度や劣等感を生むことにつながると考える。

3　Laboratory、Home、Classの3領域で駆動する教育課程

　子どもが学びに参加し続け、「学びを自分でデザインする」状態を担保す
るために、3つの領域を設けた。

　Laboratoryは、最もデザインの余地が大きい領域である。目的や内容だけ
でなく、方法、最終的な表現も子ども自身が選ぶ。いわゆる探究学習に近く、
デザインの動機は個人の興味・関心であることが多い。

　Homeは1年生から6年生が在籍し、掃除や給食などの生活づくりを行う。
また、遠足や宿泊、スポーツフェスティバルなどの全校での学校行事はHome
の単位で参加する。日々の生活におけるルールや行事の意味や内容を考え、
誰にとってもよいものになるようにデザインする。デザインの動機は、Home
の成員同士や他Homeとの関係性に依るところが大きい。

　Classはいわゆる教科学習を同学年で行う。教科の目標も内容もあらかじ
めカリキュラムとして学校が定めているので、Classにおいては子どもが学
びをデザインする領域としていない。教科学習の枠での学びを通して、教科
固有の見方・考え方、資質・能力を身に付ける。また汎用的な資質・能力の
伸長や価値・態度の涵養も図る。

　Classでの学びは内容、方法ともにLaboratoryに関連することを図って指
導を行う。Laboratoryの学びにより、Classの学びが教科内で完結せず拡が
ることやClassの内容や方法を目的的に学ぶことを期待する。

　Homeでは、年齢が大きく違う子がいることで、自分と異なる他者が顕在
化する。これを契機として共に生活をつくる中で年齢以外の要素による相違
にも注意が向きやすくなる。生活のルールや遊び一つにしても、多様な立場や

考えがあることと向き合わざる得なくなり、簡単に決まらないことや勝手に決められないことが当たり前の生活になる。このことはClassでの個人の在り方にも影響を与えると考える。Homeがもつ、誰にとってもよいものであるかという規準は当然、同学年の集団においても適用される。また、Classでの対話的な学びを通して、HomeやLaboratoryでの対話や受容が促されることもあり得る。

資料　3領域で駆動する教育課程

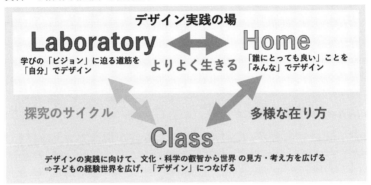

LaboratoryもHomeも学びをデザインする領域である。内容も目標も異なるが、「よりよく生きる」という価値は共通している。上の資料はこれらの関係を表している。自らの学びをデザインすることはプロセスである。試行錯誤を何度も繰り返す中で身に付けたことを発揮し、使いながら育っていく。子どもたちには、この制度を楽しみながら学んでほしい。

　本研究は、文部科学省の研究開発学校制度の元に実践されている（令和元年度から令和5年度　※令和2年度は新型コロナウィルス対策のため名目指定のみ）。探究的な学習や教科のカリキュラム・マネジメント、多様性の尊重など既に導入している学校もあれば、まさに実装を迫られている学校もあるだろうし、それぞれの領域での建設的な関係性に興味がある方もいるだろう。本書を通じて、教育に携わるみなさまのデザインの一助になれましたら幸いである。　　　　　　　　　　　　　　　　　　　　　　（文責：河野広和）

〈引用・参考文献〉
・東京学芸大学附属世田谷小学校（2018）『自分の学びに自信がもてる子ども』東洋館出版社

個のデザインを実践する場
Laboratory

① Laboratoryの理念

　先に、わたしたちは、「学びのVisionをもち、そのVisionに迫るためにどういった目標・道筋、表現方法が必要になるかを思考し選択している」姿を、「学びをデザインする姿」と定義した。Laboratoryは、その「学びのデザイン」を実践できる学習環境の創造を目指して構想した領域である。

1　Laboratoryに込めた願い

　Laboratoryで「学びのデザイン」を実践するにあたって、本校では二つのことを願っている。その一つは本校の教育課程が抱えていた課題をクリアすることである。

　本校ではこれまで、ともに学ぶ仲間との活動から、それぞれの学びのデザインを実現することを目指してきた。それは、ともに学ぶ仲間との切磋琢磨や協働を生み出す契機となってきた一方で、人間関係やコミュニケーションの不足から、一人一人が「学びをデザインする姿」が形骸化してしまうということにもつながっていた。それらを乗り越え、一人ひとりの学びをデザインする場を保障する場を実現したいというのがその願いである。

　もう一つの願いは、未来予測が困難な現代において求められている「自ら問題を発見し解決に向かう能力や必要に応じてルールを見直したり、新しい可能性を探ったりする態度を育てる」ことである。

　そのためには、定型的な問題を効率よく処理する能力や現在のルールや常識を守る態度を重視した従来の学校教育だけでは限界があると考える。そこで、Laboratoryという自らの探究活動で自分ごととして取り組む中で、「自ら問題を発見し解決に向かう能力」を育んでいってほしい、これが二つ目の願いである。

② Laboratoryの価値と新規性

Laboratoryがもっている価値と新規性は以下の5つである。

1 個に根ざした探究的な学びにより、持続的に学びを愉しむ学習観を醸成する

Laboratoryでは、学年や学級などの学び集団、教科学習など学ぶ内容といった枠を超えて、子どもが自ら学ぶ目標や道筋、表現方法を思考し選択することができる。自らの学びの選択に基づいて、計画と展望をもち、場を共有する他者を意識しながら学ぶことは、失敗を次へのステップとして肯定的に捉えやすくする学習環境であり、自己で判断し修正する学びが成功ではなく学びを愉しむことへとつながると考えている。

2 学びの過程で自分の学びに自信をもつこと

Laboratoryは、子ども自らが目標を設定し、そこに迫るための道筋も子ども自らが選択することができる活動である。そうした展望をもって目的的に学ぶことは、ⅰ）達成志向的な態度を育てること、ⅱ）活動の軌道修正を通して自己を統制すること、ⅲ）学ぶ自己を認知し自覚していくこと、へとつながり、その経験が、学びへの肯定的な自己概念＝自分の学びへの自信を育むことが期待される。

3 子どもの学びを支える教師の立ち位置と役割の変化

目的が設定されている教科学習では、教師は、目指すべき子ども像やより優れた成果を期待するような価値観で子どもを指導せざるを得ない部分がある。これに対してLaboratoryでは、一人一人の学びのVisionに寄り添い、その子の学びの文脈を捉えた上で、その子にとっての学びの意味を子どもとともにつくる、いわば伴走者のような役割が求められる。それは、先に教科があり、それを通して子どもを見るといった、これまでの関わり方を見直すことにもつながる。

4 教科学習との往還

Laboratoryは、教科特有の見方・考え方を子ども自らが自覚的に活かす場

となる。そのことによって、教科で学んだことの価値をより深く実感できたり、見方・考え方を活かして学んだ成果を目の当たりにし、教科で見方・考え方を学ぶことへの期待が高まったりすることが想定される。そうした学びの往還が期待できるのもラボの新規性と言える。

5　学びの連続性

　低学年期の学びについては、現在の学習指導要領でも「他教科等との関連を図」ることで子どもの興味・関心と関連させた指導が求められている。

　本校は、低学年では各教科を横断的に展開する低学年総合学習を通してその実現を図っているが、中高学年の教育課程にLaboratoryを設けることで、第3学年から始まる教科学習でも、子どもが自らの興味・関心に基づいて様々な経験を発展させたり、深めたりする場が保障できるとともに、「単元が終わったら学ぶことも終了」といった学び観を揺さぶり、教科の内容も学び続けて行こうとする姿が期待できる。^{注2}

❸ 研究室の設定

1　子どもの「学びたいこと」を支える「研究室」

　右上の図は、子どもの内的プロセスと教員の果たすべき役割とをまとめたものである。対象に向き合い、多様な視点の中から、その時々に応じて道筋を選択し、試行錯誤をする。試行錯誤の結果、ものの見方や考え方に更新が起きたり、スキルが獲得されたりする。情意的な満足が起きる場合もある。この一連のプロセスが次へのVisionにつながる。

　教師は、その子どものVisionを見取り、その少し先を示すことが重要である。

　本校の研究室は、人文科学分野（哲学・社会学・文学など）、自然科学分野（科学・生物学など）、芸術スポーツ分野（音楽・スポーツ・ものづくりなど）、複合分野（国際・情報・社会システム・経済・環境デザインなど）の4つの分野を網羅する形で開設している。

　これらは、子どもの学びたいことを保障すると同時に、活動の中でその分

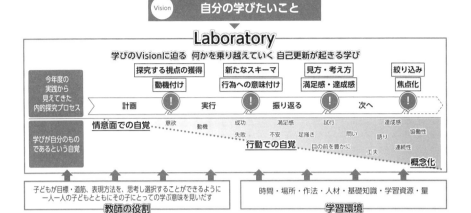

今年度の実践（初期ラボ）から見えてきたこと（3年次） ─ラボにおける学び

野のもつ研究方法が援用可能であることが、子どもの探究を支える上で有効であろうという見通しも含んでいる。

2　研究室計画書の作成

またLaboratoryの新規性と価値を実現するためには、学校全体としてのLaboratoryにおける学びの質を揃え、高めていく必要がある。そのための手立てとして、それぞれの研究室担当が事前に「研究室計画書」を作成することとした。以下がその項目である。

- 研究室名　　● 関連が予想される学問領域
- 関連が予想される教科学習
- 研究室開設の目的　　● 目指す子どもの姿
- 研究室で発揮・育成する資質・能力[注3]
- 資質・能力をどのように発揮・育成するか　　● 教師介入方法の選択
- 指導内容（何をしてどんなことを育成するのか）
- 運営スケジュール

Laboratoryは、子ども一人一人が、自分自身の探究のデザインを実践することを保障する時間である。しかし、自己を認識し自覚することは苦しい経験となる可能性もある。そうした苦しさを支えたり、達成されているかどうかの検討、軌道修正の必然性を感じる場面、学ぶ自己への気付きを肯定的に捉えられるように促す場面などを生み出したりするには、他者との関わりが大きな意味をもつ。

研究室運営では、子どもたちに、互いの「学びのデザイン」の実践にどう関わらせるかという見通しをもつことも重要である。

❹ Laboratoryの評価

1 ポートフォリオによる自らの学びの評価

Laboratoryは、「与えられたもの」を学ぶのではなく、子どもが主体的な探究や知識構築の場として自覚していくことが望まれる。そのために、子ども自身が、自分の学びのプロセスや現状を可視化し振り返ることのできるような自己評価法を採用し、自分の学びを自ら調整したり、さらに発展させるために必要な情報やリソースについて考えたり、現状の課題を把握したりすることができるようにしていくことが重要である。

これは、「『自ら学びをデザインする』からこそ、そのデザインがどうであったのかを評価するのも子ども自身である」という関係を保障することである。また、ポートフォリオをつくるという学習活動は、自らがそれを学んだという自覚を促すという意味でも有効な方法と言える。

そして、このような「自己調整学習」と呼ばれるような学び方の学習をLaboratoryにて重点的・継続的に行うことは、社会に出てからも必要とされる力の一つであろう。

2 他者への発信・表現を通しての評価〜パブリッシュ・ラボ〜

ポートフォリオは、自らの学びをデザインする学びを評価する方法として有効である。しかし、ポートフォリオだけでは、評価が「自己満足」や「自己弁護」にすぎないままで終わってしまうことも考えられる。だからこそ、

子ども自身が、自らの学びのVisionを実現するためにしてきた活動から得られたと考える成果を他者へと発信・表現することも重要な評価活動となる。

そこでは、それぞれのリサーチクエスチョンの明確化や、それらに迫るための解決方法の吟味と検討、実際にやってきたことから得られたもの、作り上げた作品などといった探究的プロセスそのものを辿った発表の場を設定した。

ただ、この活動があたかも「発表することがゴール」のように錯覚してしまうことは大きな懸念事項であり、子どもの学びのVisionにおいて「発表の先」を意識させることも重要である。

3　評価を行う教師の構え

これまで、Laboratoryにおける子どもの活動について、一人一人の子どもの姿を追いながらその評価を積み重ねてきた。その結果として言えることは、以下の二つである。

- 評価は教師集団がその子の特性を理解した上で子どもの「学びたいこと」を注視し、その子の学びの文脈を把握しつつ評価をすること
- 評価は、その子にとっての学ぶ意味が生成されるように支える方法を見いだす材料として活かしていくものであるということ

詳細は、第2章の各実践をご覧いただきたい。

（文責・栗田辰一朗、岸野存宏）

〈注〉
①代表的な藤棚の活動、クラステーマについては本校著「相互啓発シリーズ」「学び続けるシリーズ」を参照。
②実際の運営では、「研究室」の所属は4、5、6年生以上とし、3年生は探究の方法を学ぶことも視野に入れ、同学年での3年Laboratoryの時間を設定している（第2章：第3学年ラボを参照）。
③教科学習における汎用的なスキルとの関連を見るために、先行研究で作成された尺度（東京学芸大学次世代教育研究推進機構「OECDとの共同による次世代対応型指導モデルの研究開発プロジェクト」参照）を用いた。

文化・科学の叡智から世界の見方・考え方を広げる場
Class

① Class創設の目的と背景

1　Classの目的

　Classは、「デザインの実践に向けて、文化・科学の叡智から世界の見方・考え方を広げる」ための場として設定している。各教科がもつ固有の内容やものの見方・考え方を習得し、それらをデザイン実践の場で自在に使いこなすことを目指す。

2　Class創設の背景

　Laboratoryにおいては、学ぶべき内容を定めることや探究する方法を選択、実施することが不可欠であり、Homeにおいては合意形成を図る態度と技能が不可欠である。これらは、Laboratory、Homeそれぞれにおいて、必要に応じて発揮され、育んでいくものである。

　しかし、未知の問題に際し、何度も試行錯誤し解決を図るようでは、膨大な時間がかかる上、次の学びを自分でデザインすることにつながりにくい。汎用的な問題解決能力や対話における技能や態度につながる学びや事物現象に対する見方や考え方を効率的かつ実効的に学ぶことができるようにClassを設けた。

② Class実践に向けて

1　教科担当制の導入

　各教科の授業の質を高めることを目的とし、令和4年度より教科担当制を本格実施した。教員間の指導の均一化を図るためにも、以下に述べる「Classカリキュラム一覧」や「学年別教科縦横表」、「単元デザインシート」を作成し、全教員で共有した。教員同士が互いに、共通の目標に向かって、誰が、何について、どのように学習者を育てようとしているかを把握しておくこと

は、学習者の学びを支えるための協働性を発揮することにつながると考えるからである。

2 「Classカリキュラム」及び「学年別教科縦横表」の作成

　Classで扱う内容は、いわゆる教科学習である。従来の学校教育における教科学習の枠を生かすのは、先人が世界をより理解しようとつくり上げてきた学問体系を反映しているからである。

　Laboratory、Homeの実施に伴い、Classの内容や時数の見直しを図った。全学年、各教科における教科がもつ固有の内容やものの見方・考え方について整理し、各単元の本質的な問いを明示した「Classカリキュラム一覧」を作成した。本質的な問いとは、単元を通して学びを維持する動力となり得る問いを意味する。また、教科間の学習内容や汎用的スキル、態度・価値の関連性を可視化した「学年別教科縦横表」を作成した。

　令和4年度にカリキュラムを実施して見えてきたことをもとに、より精査可能な単元はあるか、単元の配置転換を行うことで他教科やLaboratoryでの活用や発展を期待できるかなどについて再考しながら、教科間で調整を行い、さらなる改善を図った。

　同じ学年のClassを担当する教員同士で、教科間やHome活動に関連している単元や統合可能な単元について議論する中で、学ぶ対象は同じであっても、重点を置いて学ぶ内容や学び方が異なることが明らかになり、それぞれの教科で扱うからこそ学びが広がったり深まったりする単元もあることが見えてきた。一例として、第5学年の国語科と社会科で、新聞を扱う単元がある。国語科では、新聞そのものの特長や効果的な構成のほか、情報の発信者・受信者としての情報の扱い方や捉え方の差異等について学ぶ。一方、社会科では、情報源として新聞を用い、事象についていかに自分事として捉え、考えを構築できるかを大切にする。本カリキュラムは、実践を通して必要に応じて更新されるものであり、毎年度、教員間で議論していくことが求められる。

3 「単元デザインシート」の作成

　各教科の単元構想は、「単元デザインシート」に示した。各単元において

学びを深めるのに適したパフォーマンス課題と問いを設定し、単元を通して問いに迫る動力が維持されるような単元を構想した。

「単元デザインシート」のダイヤモンドは、単元の学習過程を示しており、本校の先達の研究における「個の学びのモデル」を転用したものである。ダイヤモンドの上に置かれた○（丸）は学び始めの個を示しており、下に位置付く○（丸）は単元を終えた個の姿である。単

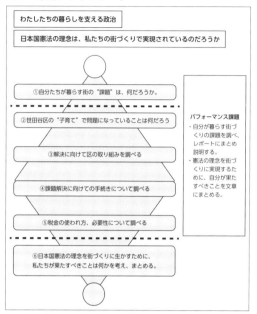

図1　単元デザインシート

わたしたちの暮らしを支える政治

日本国憲法の理念は、私たちの街づくりで実現されているのだろうか

①自分たちが暮らす街の"課題"は、何だろうか。

②世田谷区の"子育て"で問題になっていることは何だろう

③解決に向けて区の取り組みを調べる

④課題解決に向けての手続きについて調べる

⑤税金の使われ方、必要性について調べる

⑥日本国憲法の理念を街づくりに生かすために、私たちが果たすべきことは何かを考え、まとめる。

パフォーマンス課題
・自分が暮らす街づくりの課題を調べ、レポートにまとめ説明する。
・憲法の理念を街づくりに実現するために、自分が果たすべきことを文章にまとめる。

元の中で学習材とのやりとりや他者との協働的な学びを通して個の学びは拡張し、いずれ収斂されていくことを意味している。

したがって、「単元デザインシート」は、学習者が学びを進めていく様相や思考過程を想定し、以下の点に留意しながら構想する。

・単元における重点内容を学習者が学ぶことができるようにするためには、どのようなパフォーマンス課題がよいか

・どのような問いであれば単元を通して課題を追求し続けることができるか

・学習過程のどのタイミングでどのように他者と関わることで考えを発展させたり深化させたりしていくか等

単元を通して、教科学習で何を学んだのか、なぜ学んだのか、学んだことは何と関係があるのか、学んだことはどのように使うのかを、学習者が自覚していることが重要である。Classで習得した各教科固有の内容と見方・考え方だけではなく学び方や学ぶ姿勢、つまり汎用的なスキルや態度価値は、Laboratoryで活用できるものであり、自在に発揮されることを期待する。

　同時に教師は、Classでの学びがLaboratory活動で発揮され得るものとなっているのか、転用可能な汎用的スキルや態度・価値を学ぶことができるような学習環境や単元デザインになっているかを常に見直し、単元デザインを柔軟に更新することが必要である。

❸ Classの学習評価

1　学びを蓄積するポートフォリオの活用

　学習者の思考の認知過程の内化・内省・外化を図り、メタ認知力等の資質・能力を育成する目的として、学習者自身がポートフォリオを作成することに重点を置く。学習者が学習内容や制作活動の履歴を記録しながら、自分の学びを振り返り自己評価を行うことで、学習内容だけではなく学び方にも目を向け、学習の軌道修正を図っていくようになることに価値がある。

　学習過程のすべてに学習者自身が能動的に関わり、自己の認知活動や行動をコントロールしながら、試行錯誤しつつも課題を解決したり、問いを見だして追求し続けたりする姿は、まさに、「学びが自分のものであると自覚し、学びの目標や道筋を自ら思考し選択する」姿である。このような自己調整力は、Laboratory活動につながる重要な資質・能力の一つであると捉えている。

　教師は、各教科の各単元においてパフォーマンスによる評価とポートフォリオ評価を通して、形成的評価を行う。学習者の学びの変容を見取り、きめ細かくフィードバックを行うことで、学習者の思考が深化するように働きかける。

　ポートフォリオは、学習内容や学習者の実態に合わせてノートやiPadを選択したり併用したりする。紙媒体で作成したポートフォリオは写真におさめ、Metamoji Classroomアプリを活用したポートフォリオに貼り付け、学習の履歴として毎年蓄積していくことを重視している。学習者が自分の学びを振り返ることで、他の学びにつながる気付きを得たり他教科の学びに活用したりするなど、自分の学びの土台を構築するとともに、さらに学びを拡張する機会となるようにする。

教師は、各単元におけるポートフォリオの活用方法を工夫し、学習者の学びの土台を支援できるように努めてきた。例えば、課題提示・考えの共有・情報収集を目的とした活用、学習内容や学習過程を整理し学びの再構築を図るためのまとめを目的とした活用、一単位時間や単元の学びの振り返りを蓄積し、学習者自身が思考の変容を自覚したり、次時の課題生成を促したりすることを目的とした活用などである。学習者の学びを支えるポートフォリオのより効果的な活用方法は、今後も我々教員の課題として追求していく。

図2　ポートフォリオの活用例

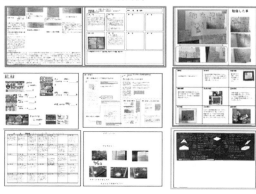

2　学びを振り返る確認テストの実施

図3　確認テストの例

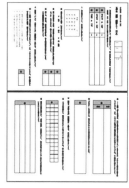

学習者が学習の習熟状況を把握し、今後の学習の見通しをもてるようにするために、本校カリキュラムに合わせた確認テストを独自に作成し、学期末に1回、年3回実施した。確認テストは、各教科で学習した知識・技能だけではなく各教科のもつ固有の見方・考え方や汎用的スキルを活用する問題を作成している。テストの解答は数値化せず、学習者自身が理解していることや課題・考え方に目が向くようにしており、自分の学びを振り返ることで次の学習意欲につながることに重きを置いている。教師は、確認テストの結果を授業改善や単元デザインの再考に役立てている。

3 学び方を語る三者面談の実施

　三者面談では、教師が学習者の状況について説明するだけではなく、学習者自らが自分の学んできたことや課題等について説明することを重視する。それは、「学びが自分のものであると自覚し、学びの目標や道筋を自ら思考し選択する」力や自分の学びをメタ的に捉える力が育成されているかどうかが見える場であるからである。このような力を、6年間を通して育成していく。

　学年ごとにClass保護者会を実施し、各教科担当より重点となる学習内容や学び方、育成を目指す資質・能力等について保護者と情報共有を図った。

　三者面談は、Home担当がHomeの子どもと保護者との三者で行い、学期末に1回ずつ実施した。Class担当から上述したパフォーマンスによる成果物やポートフォリオ、確認テストからみえる習得状況、日頃の各教科における学習へ取り組む姿勢等の情報共有を受けて行っている。

　ポートフォリオや確認テストなど、学習者の学びが目に見えるかたちで共有することは、保護者にとってもClassの学習内容や状況を理解する機会となっている。また、教科担当制を導入したことにより、「Classの学習がおもしろくなった」「わかるようになった」との学習者の声が多く、Class体制への保護者の理解を得られている。

　子どもが「学びを自分でデザインする」ための土台となり得る各教科の学習の充実を図っていくことは我々教員の使命である。

（文責：大島静恵、庄司佳世）

〈引用・参考文献〉
・東京学芸大附属世田谷小学校（2018）『自分の学びに自信がもてる子ども』東洋館出版社
・東京学芸大附属世田谷小学校（1999）『だから学校大好き』東洋館出版社

生活をデザインする場
Homeの運営と実践

① Homeの理念

1　Homeで目指すこと

　Homeは、よりよい社会や生き方を自ら模索していこうとする価値観や人間性、共に生きる他者と協働する能力や資質を育むための場として開設した。生活が「みんな」とともにあることを自覚し、Homeに集うみんな、世田谷小学校に集うみんなにとって、よりよい生活とは何かを考え、その実現のための目標、道筋、表現方法を思考し選択することのできる学習環境の創造を目指して構想した領域である。Homeには、1年生から6年生までの子どもが各学年5人から6人ずつ集まり、一つの生活集団をつくり、朝と昼の時間を共に過ごしている（右上の図を参照）。

　Homeでは、プロジェクト学習のように、集団で何かの課題に迫っていくというよりもむしろ、違いを受け入れ、成員一人一人にとって豊かな時間、集団となるための課題を見付けたり、その解決方法を考えたりすることを第一に考え、活動を進めている。いわば、Homeに集う集団自体をデザインしていくことを目指しているのが特徴である。

2　Homeの理念「公共性」

　Homeの理念は、「公共性」の考えを基にしている。私たちは、「年齢や性別などを超えて、みんなで創っていく」「自分にとってよいことが、他者にとってもよいことであるか、話し合って決める」「自分と自分以外のすべての人のことを考える」「約束は、よりよいものに向けて新しくしていくことができる」の4つの考えを土台にし、多様な経験・考えをもつ異年齢集団で生活を送ることで、「公共性」が養われると考えた。

　「公共性」が発揮された集団となるには、自分と自分以外の他者を意識し、共に過ごしやすくするために考えを出し合い、決定していくことが求められ

る。一人一人が異なるということを理解した上で、互いに認め合いながら、場をつくるのは自分たち自身であるという自覚をもち、集団に参画していく必要があ

図　1日の時程

	月曜日	火曜日	水曜日	木曜日	金曜日
8:20~9:00	Home	Home	Home	Home	Home
10分					
9:10~9:50	Class	Class	Class	Class	Class
10:00~10:40	Class	Class	Class	Class	Class
10:40~11:00					
11:00~11:40	Class	Class	Class	Class	Class
11:50~12:30	Class	Class	Class	Class	Class
12:30~13:50	Home	Home	Home	Home	Home
14:00~14:40	Class(2~6年)	Laboratory		Laboratory	Class(3~6年)
14:50~15:30	子ども会議	Laboratory		Laboratory	Class(3~6年)
最終下校	14時45分	15時35分	13時15分	15時35分	15時35分

る。自分の「やりたい」と他者の「やりたい」をメンバー全員で検討し合い、「よりよい」をつくっていくことが Homeの醍醐味である。決して声の大きい子ども、学年が上の子どもの声に従うのではない。

　また、このとき、自分たちのHome だけで考えるのではなく、周囲にいる「他者」を視野に入れて決定していく。誰もが「平等」な立場で所属することになるが、「平等」というラインに全員が立てるよう、一人一人に寄り添って、技能や知識を補いながら生活を送ることも大切なことである。

❷ Homeで生活を送る価値

1　自分と異なる他者を意識する場

　異年齢集団での生活は、経験の差が様々な場面で見られる。Homeにいるメンバーは、年齢・性別・経験などみんなが違うことが前提にある。互いの「違い」を受け入れながらよりよい生活をつくる心構えを要する集団なのだ。互いに自分とは異なる他者として関わり合おうとしている。

　互いの「違い」を否定されない場であるから、周囲を気にすることなくその子らしくいることができる場にもなる。しかし、自分勝手でわがままを押し通そうとする子どもは多くはない。これは、Home で多様な意見を聞くことができるため、「よい」「悪い」の判断を多面的・多角的に捉えることにつながり、自分勝手なふるまいがいかに愚かなことかを理解することができる

からなのであろう。また、高圧的に振る舞ったり、理不尽な振る舞いをしたりしても、周囲からの指示を得ることはできないことに気付くことで、自ら自制する姿も見られた。

2　居場所の多様化

　Homeが、同学年集団で過ごす生活の中の息抜きのような場所になっていると感じる子どももいる。異年齢で集うHomeは、同学年集団と比べ、置かれている立場や状況が同質ではないため、個々の距離感が近すぎることがないからだと考える。もちろん親密な関係を築くことで得られる心地よさもある。しかし、ほどよい距離感が自然に生まれる異年齢集団は、ある一定の子にとって、穏やかに過ごすことのできる場の一つになっていると感じる場面は多い。

3　個の人格に注目する見方の醸成

　上級生の中には、低学年を「できない存在」だと捉え、「低学年の世話をしなくてはいけない」という後ろ向きな意識をもつ子どもも多くいたが、様々な活動を通して、「低学年も、自分のことは自分でできる」という実態がつかめるようになった。年齢という壁を越え、個の人格に目を向けるようになっている。得手不得手を互いに補い合いながら関わっている姿が見られる。Homeでの活動が円滑に進むよう、今までの集団生活で培ってきた経験を発揮し、自分にできることを考え、前向きに取り組んでいることが分かる。

　以前の体制よりも、年齢の壁が低くなっていることを感じる。休み時間に、様々な学年が混ざって遊ぶ様子、Laboratoryの活動時に、他学年での交流が円滑に進むなど、目的に合わせて自由に集団をつくるようになった。

4　自律を促す場

　下級生は、上級生と一緒に生活を送ることで、上級生の言動に憧れを抱き、自分のことは自分で行うといった自立した行動が見られる。ときには、上級生の好ましくない行動を見て、今後の自分に生かそうとする姿も見られる。下級生にとって、上級生と共に生活を過ごす場は、多くの学びに溢れている。

❸ Homeで期待すること

1　Homeで過ごす上で乗り越えなくてはいけない壁

②で述べたように、わたしたちはHomeに多くの価値を見いだし、昨年度から本教育課程をスタートしている。しかし、実際にスタートしてみると、この仕組みを苦しく感じる子どもも存在した。

上級生の中には、他者のことを尊重しようとするあまり自身を抑圧し、自然な振る舞いができなくなっている子どもがいた。それは「下級生を楽しませてあげないといけない」「最高学年だから、やりたいことは我慢しなくてはいけない」といった強い義務感に縛られた姿あり、「集団を円滑に回すためには自分が我慢をする」という意識が、自分を開示できない苦しさにつながっていると思われる。

また、異学年集団で活動をするための配慮にストレスを感じ、「やりたいことが思うように進まない」と、Homeでの生活を投げ出そうとする姿もあった。

この背景には、これまでの学級という同質な集団で培われた知識や技術が、そのまま発揮できないことへの苛立ちがあるのであろう。

2　乗り越える過程で育つもの

こうした姿を「公共性」という視点から見ていくとどうであろうか。

Homeを1年間過ごしての振り返りの中で出てきた期待する姿に、「他者の成長を自分のことのように喜べる」というものがあった。同じ行動をとるにしても、「集団を円滑に回すためには自分が我慢する」ではなく、「他者も自分も尊重される場をつくっていこう」という意識からであれば、その結果は、苦痛ではなく、喜びやたのしみをもたらしてくれる。

またHomeは、学級が同質集団であるという固定観念を揺さぶる可能性ももっている。本来、同級生であっても一人一人は個性的で違った存在である。だから、学級集団がみんな同質であると捉えた集団づくりは、いわゆる学校ヒエラルキーのように、少数派の抑圧やいじめの温床ともなり得る。

異学年によるHomeの生活で、一人一人の姿を見つめ、本当の意味で他者を知ることは、多数派の子どもが思い込んでいる「同級生は同質である」という前提を打破し、異質を前提にした空間の中で、「楽しい」を創り出すことにつながると考えている。

　そのためには、子どもがどのような壁にぶつかっているかを見定め、手を差し伸べるタイミングや方法を考えていく教師の役割も大切である。

　Homeは、「みんな一緒は居心地がよい」という価値観を、「みんな違うけれど快適はつくれる」という価値観に変えていく学びの場である。これからの社会を生きる子どもの将来に対して、価値のある学びだと考える。

　一人一人が快適でいられる空間をつくる力を育み、それを発揮できる場として実践を重ねていきたい。　　　　　　　　　　　　　　　　（箱﨑由衣）

〈引用・参考文献〉
・阿部斉（1966）『民主主義と公共の概念』勁草書房
・五十嵐紗千子（2018）『この明るい場所－ポストモダンにおける公共性の問題』ひつじ書房
・上野正道（2010）『学校の公共性と民主主義 デューイの美的経験論へ』東京大学出版会
・小玉重夫（2013）『難民と市民の間で』現代書館
・齋藤純一（2000）『思考のフロンティア 公共性』岩波書店
・鈴木謙介（2005）『カーニヴァル化する社会』講談社現代新書
・中岡成文（2003）『現代思想の冒険者たちSelectハーバーマス－コミュニケーション行為』東京印書館
・仲正昌樹（2009）『今こそアーレントを読み直す』講談社現代新書
・東浩紀（2012）『動物化するポストモダン－オタクから見た日本社会』（講談社現代新書）
・柳治男（2005）『〈学級〉の歴史学 自明視された空間を疑う』講談社
・山川雄巳（1999）「公共性の概念」日本公共政策学会年報
・ジャン＝フランソワ・リオタール、小林康夫訳（1989）『ポストモダンの条件』知・社会・言語ゲーム、水声

実践編①

Lab. で輝く子どもたち

個のデザインを実践する場
Laboratory の運営と実際

① Laboratoryの設置

　4年生以上は、毎週火曜日と木曜日の午後、Homeの後に研究室に所属してLaboratoryの活動をする。4月から10月が前期、10月から2月までが後期として、1年間学ぶ。

　また、一日ラボdayという午後だけでなく朝からその日一日中Laboratoryの活動ができる日も設定した。これは、2時間ではできないことにも、じっくりと取り組めるようにするためである。一日ラボdayには、1年間に6回、水曜日にあり、朝からどこかに出かけてお弁当を食べて帰ってくることもできるようになっている。

② 研究室の設置と所属決定

　Laboratoryに展開される子どもの多様な学びのVisionを支えるために、人文科学、自然科学、芸術・スポーツ、複合の4分野ごとに4つずつ、計16の研究室を開設している（第1章：Laboratory③—1）。

　子どもは、年度初めにLaboratoryとは何をする時間なのか、何のためにどんな学びをしていくのかなど、Laboratoryについてのオリエンテーションでスタートし、次のような手順で所属する研究室を決めていく。

①自分の学びたいことを相談シートに書く。
②自分の入りたい研究室を探す。
③研究室担当と相談する。
④希望順番号を書く。
⑤そうだんシートを提出する。
⑥教員全員で研究室のメンバーを決める。

1 「そうだんシート」に、自分の学びたいこと、どんな自分になりた
　いか、目指す姿や学びたい理由などを文章で書く

　年度当初は過去のLaboratoryでの学びに、後期では前期Laboratoryでの
活動など自分のしてきたこととを書かせている。

2　研究室一覧表を見て、この中から、自分の「学びたいこと」が実
　現できそうな研究室を探す

　２日間で、自分の学びたいことができそうか、研究室担当と相談する。研
究室を見付けるのに迷いがない子も、いろいろな研究室の先生をたずねるこ
とで、自分の学びたいことがふくらんだりはっきりしたり、相談できる大人
が増えたりしてLaboratoryの時間を前よりも充実させるための時間にするこ
とを期待している。

3　２日間で５つの研究室を回り、研究室担当から５つのサインをも
　らったら希望順番号を書き、提出する

　ここでは、担当の教師の説明を聞いたり、担当の教師に自分のやりたいこ
とを伝えて実現できそうなのかを質問したりすることを重視している。長期
の活動になるので、ミスマッチを避けることも重要である。

4　教員全員で、子どもたちが書いた相談シートをもとに、研究室の
　メンバーを決めていく

　ここでは、自分の開設した研究室と子どもの相談シートの記述、これまで
その子に関わった教員の意見などをもとに決めている。

　教員全員で所属メンバーを決めるときには、子どもたちの安全確保や一人
一人の学びが充実するようにサポートしやすくするために、現在は、一研究
室25名を上限として人数を調整している。研究室のメンバーが決まったら、
子どもたちに研究室名簿一覧表を配布する。

　16の研究室は１年間変わらないが、子どもたちの中にはLaboratoryの時間
を積み重ねていくうちに、自分の学びたいことが変わったり、自分の学びた
いことが変わらなくても別の研究室で新たな学びをつくりたいと考えたりす
る場合もある。そこで、９月末には一度自分の学びを研究室担当としっかり

第2章

31

振り返り、10月からはもう一度改めて所属する研究室を決める機会を設けている。

ここでは、子どもたちに、前期Laboratoryにおける学びを振り返った上で、後期、自分の学びたいことを書くことを求めている。これは、前期Laboratoryにおける学びを子ども自身も研究室担当も評価し、その評価をもとによりよい学習環境を選択することができるようにするためである。

③ パブリッシュLab.の運営

パブリッシュLab.は、前述したように、他者への発信・表現を通しての評価を行うために設定されている。一方で、このパブリッシュLab.には保護者アンケートに対する答え、本校の研究を各研究室レベルで保護者に共有するという役割も担っている。実際の学びの成果物や子どもが自分の学びを語る姿など、説明会での説明に加えて具体的な子どものラボの姿をご覧いただくことで、保護者とも共有が図られると考えられる。

④ ラボ懇談会の運営

パブリッシュLab.の後、各研究室担当がLaboratoryについて保護者に説明する「ラボ懇談会」を設定した。ラボ懇談会では、研究室担当がどのような意図で研究室を開設し、どんな活動をしてきたのか、これまで子どもの学びをいかに見とり指導してきたか、その結果、子どもの姿として目に見えない部分も含めてどのような力が付いてきたのかなど、教師の側から説明している。

ここでは、研究室に所属した結果としての学習成果だけでなく、自分の学びが自分のものであるという自覚の上で中・長期的に学びのVisionに迫っていくことの難しさや、それに向かって乗り越えようとしてきた子どもの頑張り、今後の学びへの期待など、探究的・研究的プロセスを含めて伝えている。

子ども自身の言葉や作品で語るパブリッシュLab.、教師の見通しや見取りを語るラボ懇談会、この両者を行うことによって、保護者からのニーズにこ

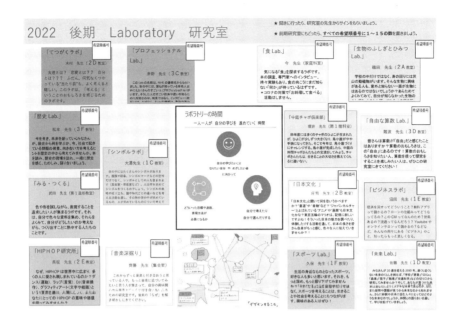

たえるとともに、保護者のLaboratoryへの理解と協力を得ることで子どものよりよい学びを促すことを期待している。

（文責：栗田辰一朗、岸野存宏）

個のデザインを実践する場
第3学年　Laboratory

❶ 第3学年Laboratoryの設置とその運営

　第3学年は、低学年のClass集団で同じ仲間と教師とでいわゆる学級担任制に近い形で、興味を発展させる活動や仲間とつくる活動、経験をひろげる活動を経験してきている。その上で、第3学年から始まるClassによって、各教科におけるClass集団での本質的で発展的・探究的・教科横断的な学びが展開され、個の経験はさらに発展し深められる。

　そこで第3学年Laboratoryは、各教科に関する学びを発展的に生かす場としても、各教科の枠を越えた学びを保障する場としても、これまでの個の経験を起点とした個の学びをデザインする場としても設定する。これらの充実が、結果として、これまで興味を発展させたりひろげたりしてきた経験を深めるとともに、自分の学びを基軸とした4年生以上の「Laboratoryの時間」への橋渡しとなることを期待している。

　第3学年の子どもは、何ごとにも挑戦しようとする意欲や興味・関心を高くもって取り組もうとする傾向がある一方で、目の前のものや興味のあるもの、その場の雰囲気で「自分の学びたいこと」が変わっていく特徴がある。また、「自分の学びたいこと」についてどんな発見がありそうか、どのような学び方があるのか、具体的に何からどの順で進めていけばよいのかなど、見通しをもつことが難しい面もある。

　そこで、4年生以上のLaboratoryに向けた第3学年Laboratoryとなるように、次のような方法で運営していく。

1　ショートスパンでの活動

　4年生以上で中・長期的な学びのVisionをもつことができるように、3年生ではショートスパンでの「自分の学びたいこと」を実現しようと試みる活動を保障する。研究室は設けず、学年を4分割した25名程度の集団に分け、

その集団の担当者が学習環境を整えながら子ども一人一人の学びを支えていくところからスタートする。

2 「問いを立てること」「次にやること」「表現方法」の選択

次に、「自分の学びたいこと」に迫るための学び方について、「問いを立てること」や「次にやること」を思考し選択させ、自分がしたことや考えたことなど表現方法も選択しながら記録していくよう指導する。

3 自分の学びを開く活動

そして、自分の学びを振り返る機会として仲間に自分の学びを開く活動を取り入れる。3年生という特徴から、多岐にわたる探究テーマを交流することによって目移りすることが想定されるが、担当者は、発表の内容だけでなく学び方や探究する視点に焦点を当てた形成的評価によって、学びのVisionに迫る方法を思考し選択する経験を積み重ねられるよう指導する。

4 Laboratory研究室への緩やかな移行

1学期は2か月を単位とした少人数で担当し、Laboratoryの時間に子どもが自分で学習計画を立てて実行することを経験させる。2学期以降は4分野を大まかな研究室として設定し、子どもがその研究室を選択して3学期まで前期・後期で研究室を変えて中期的なLaboratoryの時間に取り組むことで、

学びのVisionをもち、試行錯誤や活動の修正を試みながら、Visionに迫るためにどういった目標・道筋、表現方法が必要になるかを思考し選択する経験をさせる。

（文責：髙橋麻里奈、栗田辰一朗）

Business Lab.
(ビジネスラボ)

❶ ビジネスラボとは

1 目的

　子どもたちの生活の周りには、常に多くの「ビジネス」が展開されている。当たり前にコンビニやスーパーで買い物をする。ネットで買物をすると、その荷物が翌日には自宅まで配送されてくる。テレビを見ていれば、CMが流れる。YouTubeにも広告が入る。株や円は毎日取引され、その平均価格がニュースで流れる。円安が進み、水道光熱費や物価が上がり、値上げ、賃上げについてコメンテイターが解説している。SNSからは新しいビジネスが生まれ、インフルエンサーが生まれ、トレンドやブームが起きる。マイホームを購入するときは、銀行から35年のローンでお金を借りる。

　それらのすべてのビジネスは、多くの工程を経て、そのたびに人が手をかけている。お客様のために、自分の知識やスキルを最大限に生かしてサービスをする。この手間こそが仕事であり、それを仕掛けている仕組みこそがビジネスである。

　しかしながら、子どもたちは目の前の商品や映像だけを見て、それがどのように作られ、どれだけの人が「仕事」をしているかに目を向けていない。自分の両親も「会社に行けばお金がもらえる」と思っている場合もある。どんな仕事をして、どのようにお金を稼いでいるかを知らない。

　そこで、ラボでの学びの中で、自分で選んだ商品やCMの仕組みや方法などを調べたり、自分が興味をもった会社や業界を様々な視点から分析したりすることで、1つ1つの「仕事」や「仕組み」に目を向け、ビジネスを深堀りする。その過程で、経済の流れ、金融の仕組みなどに興味をもち、日本経済の仕組みを理解していく。また、専門家や仲間とのディスカッションをするうちに多くの「視座」を獲得し、将来生まれる新しいビジネスを作る子ど

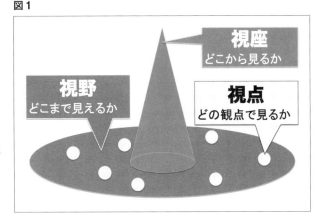

もたちが、そのときに「Connecting Dots」を実感することを目指したい。

2　手立て

【視座・視野・視点】

図1

視座　どこから見るか

視野　どこまで見えるか

視点　どの観点で見るか

子どもたちの日常生活では「お客様」として生活しているため、ビジネスの視座（どこから見るか）はほとんどもっていない。そのため、広告宣伝やコスト意識など「売り手側」の視座はほとんどない。ビジネスの視座が低かったり、それすらなかったりすれば、当然、視野（何が見えるか）は広がらない。視野が狭ければ、視点（どの観点で見るか）は打ちにくくなる。何も知らない子どもたちに、「ビジネスを研究しよう」と言っても、視座がないので、視野も広がらないため、視点はかなり少ない。それでは学びを深めていくことにつながらない。

そのため、ビジネスラボでは多くの視座を獲得することを念頭に、授業前半はインプットが中心となる。教師がレクチャーを行い、ビジネスで使う用語や仕組み、マーケティング、流通の仕組みなどビジネスの「常識」を解説していく。また、最新のニュースを活用し、子どもたちが学びを「自分ごと化」できるようにしている。

例えば「円安が進んでいるけど、円安とはなんだろう（2023年1月）」「ワールドカップの経済効果○○億円と言うけど、この場合の経済効果ってなんだろう？（2022年12月）」など、教師がMCとなって、子どもたちがディスカッション形式で進めていく。

授業後半はアウトプットに重点を置くため、フリーディスカッションで自分の意見や考えを仲間とシェアする。ここでは、前半のレクチャーについて

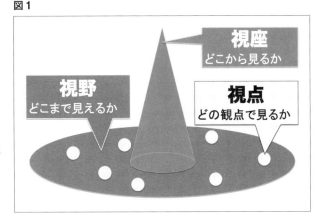 第2章

さらに深堀りしたり、自分の研究について仲間や先生に相談して、意見をもらったりすることで、新しい視座の獲得となることもある。また、少人数グループに分かれることで、アウトプットする機会の確保にもつながり、子どもたち一人一人の発話量アップになる。

【Connecting Dots】

2005年Stanford Universityで行われたSteve Jobs氏のスピーチで、人生においてすべての経験・知識はDotとなってつながると説いている。人世のキャンバスにDotが多くなればなるほど、細やかで繊細な美しいフォントとなり、より自由な思いどおりの絵がかけるようになる。

しかし、子どもたちは経験も浅く、Dotが十分にあるとは言えない。そのため、教師や仲間とディスカッションをして新たなDotを獲得すること、そして、その多彩なつなぎ方などを学ぶことで、学びを深めることができる。

【Meet the Real】

学びが効率化するためには「自分ごと化」がキーワードとなる。Lab. Day（ラボディ：1日ラボの日）は、校外に出て、実際の企業やイベント、店舗に行くことで、本物のビジネスにふれる。

今まではなんとなく見ていた風景も、「ビジネスの眼」を持って見学することで、目に止まらなかったものも見えてくる。意識して見ることで、自分たちの学びを自分ごと化させる。そうなると、店員にどんなインタビューをしたらよいか、ショーケースの展示物はどのような意味をもっているのか、お客様の導線はどうなっているのかなど、課題や疑問点がより具体化され、新たなDotの獲得につながる。ここで獲得したDotは自らの成長に気付くきっかけにもなり、自己効力感を高め、意欲アップの効果も期待できる。

【Mentoring】

メンタリングは、メンターと呼ばれる経験者がメンテージと呼ばれる人に対して経験や知識を提供し、その人が目標達成のための戦略指導を行うことを指している。

また、メンターとメンテージとの関係は、信頼関係の上に成立するもので

あるため、お互いに協力して成長することを目的としている。その点からも、教師と子どもたちがお互いの視座（どこから見るか）・視野（何が見えるか）・視点（どの観点で見るか）から多様な意見を出し合いながら、自らの視界を広げていく。

さらに、各業界のトップランナーをゲストティーチャーとして呼び、レクチャーやディスカッションから、新たな視座を獲

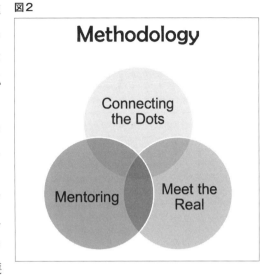

図2

得する。学期後半には自分たちの考えたビジネスプランを専門家にメンタリングしてもらうことで、自分のビジネスプランがリアルな世界で通じるか予想することで、子どもたちの学びを価値付けし、さらに意欲を高め学びを深めていく。

2 ビジネスラボの実際

1 Business Lab.のあゆみ
【Business Trip1　二子玉川ライズ】

はじめのLab.Dayは二子玉川ライズ（東京都）を見学した。大きな商業施設を見て回ると、子どもたちは、「あちこちに緑が植えてあって自然が豊かだね」「屋上の空中庭園は水も流れていてとても気持ちよい」など、自分の見付けたポイントを友達とシェアしながら、ノートにメモをしていた。

それを聞いて、まだお客様の視座から見学をしていると気付いた教師は、「屋上に木を植えるためにどれくらいお金がかかるんだろうか？」「木を植えれば、葉っぱも落ちる。落ちた葉っぱは誰かが掃除しないといけないじゃんね。どうしてそんな大金かけてここに木を植える必要があったのだろう？」

と、問いかけてみた。

すると、子どもたちは「そうだよね。これでお客さんがいい気持ちにはなるけど、それだけお金かける価値はあるのかな」と「二子玉川ライズってどんなお客さんが多いんだろう」と、見学するポイントを変え、来場しているお客様や駅からの導線など、確認を始めた。

図3

Business Trip 1
Futakotamagawa RISE

緑と水が豊かな商業施設

⬇

ここに作るのに数億円　なんのため？

⬇

集客してなんぼ！　ディズニー超え！

そして、ライズのスタッフの方にインタビューしたときは、「レストランやショップで1人あたりどれくらいお金を使うんですか？」「年間何人くらい（二子玉川ライズに）来るんですか？」など質問した。

運営サイドとしては、とにかくたくさんの人に来ていただかないことには、ショップの売上も上がらないということも聞き、さらに、その年間集客数はディズニーランドより多いと聞いた子どもたちは、帰りにもう1度施設をチェックしたり、「また今度、ゆっくり見に来よう！」と意欲を高めていた。

【Business Trip 2　横浜赤レンガ倉庫　クリスマスマーケット】

学びを進めるうちに子どもたちは「空気感」について興味をもった。例えば、映画のパンフレットは書店にあっても欲しいと思わないけど、映画見たあとはなぜか欲しくなる空気感。また、クリスマスの空気感である。年間いくつかあるイベントの中で最も大きなイベントの1つであり、大きなお金が動く。クリスマスだから、大きなチキンを買い、ケーキを買い、ツリーを飾ってお祝いする。さらにサンタクロースもやってくる。クリスマスディナーをちょっと奮発してホテルで食べる人もいる。この空気感をうまく演出しているビジネスをみんなで見に行こうと選んだのが、横浜赤レンガ倉庫で開催

されていたクリスマスマーケットである。

事前に「ランチは1000円持ってきて、現地で買って食べよう」と伝えると、子どもたちは大はしゃぎだった。「1000円もあれば何を食べるか」さっそく仲間とタブレットで調べている子もいた。

当日集合すると、見学

図4

Business Trip 2
Christmas Market in Yokohama

ランチ代1,000円に大はしゃぎ

↓

ウィンナーしか買えないじゃん！
スーパーならどんだけ買えるんだ？

↓

1,000円の価値を再確認

よりもランチで何を買うかに心ときめき、会話はランチの話題で埋め尽くされていた。現地に到着すると、子どもたちはグループに分かれて各店舗を見て回るが、何やら雲行きが怪しくなっていた。「1000円で買えるもの」がかなりイメージと違っていたのである。円安や材料費高騰の影響もあるだろうが、子どもたちは1000円でお腹いっぱい食べられると思っていただけに、ショックは大きかったようで、笑顔は消えていた（笑）

それでも、なんとか工夫してランチを済ませたが、帰りには「1000円ってスーパーとかのイメージで大金だと思ってたけど、イベント会場に行くとそうでもなかった」など1000円の価値を確認できたようだった。

その後のレポートでも、「イベント会場は、その空気を楽しみながら食べるので、カップルのデートとか、大人がビール飲みながらならいいけど、その空気感を必要としない私たちにはただ高いだけだった」や「あそこでお店を出すということは、場所代も払うだろうし、キッチンを作ったりするからいつもよりお金がかかるだろうから、高いのは当たり前だった。よく考えたらわかるのに、スーパーで1000円分のイメージに惑わされて浮かれてしまった」というコメントもあったが、「あの空気感を作り出しているわけだから、多少高くなるのは空気感代がプラスされているから」というコメントが多か

った。子どもたちは、空気感、イベントのビジネスを身をもって知った。

ちなみに、見学した日は「帰ってからラーメン食べました」とか「お母さんとパスタを食べて帰った」など、高学年の胃袋は満たせなかったようである。

図5

2 子どものあゆみ

Xの将来の夢はYouTuberである。毎日、YouTubeで配信されている楽しそうな動画を見て、いつかは自分も配信するようになりたい。それを職業にしたいと思っていた。

ビジネスラボでは、YouTuberについて調べ、そのマネタイズの方法や、配信頻度とチャンネル登録者数など、将来の自分のために学び始めた。しかし、学び始めてすぐに表情が暗くなっていった。

まずはチャンネル登録者数がある一定以上いないと広告収入は入らないことがわかったのだ。学習を進めていくと、YouTube配信でお金を稼げる人は1%ほどであることがわかり、さらに、YouTubeだけで生活できるくらい稼げる人は、その中の1%ほどであるということ知った。

また、定期的に新作を出さないと見てもらえず、動画の視聴回数が増えないこと、1本あたりの編集をするのにかなり時間がかかること、面白そうと思っても、すでにインフルエンサーたちが同じような動画を作っていることも多い。YouTuberがモニターの向こうで楽しそうにいろいろなことにチャレンジしたり、ゲーム実況をしているだけに見えるけど、実際は厳しい世界であることを学んだ。

ただただ楽しそうという理由でYouTuberになりたいと言っていたXは

「夢が壊れた〜」と言っていたが、「じゃ、なんで、みんな目指すんだろね？楽しいだけなら、お金稼げない時点でやめるよね」と問いかけてみると、「たしかに」と調べ始めた。

　世界で稼いでいるYouTuberはそれなりにいる。かなり狭き門ではあるものの、企画力やアイディアがあれば、小さな子どもでも、誰でもインフルエンサーになることができることもわかり、「かなり難しいけど、だからこそ夢がある」と意欲を高めていた。

　深堀りしたことで、学びのステージを上げ、さらに、他の仕事にも興味をもつようになり、YouTubeを使ったビジネスプランなど、学んだことを総合的に利用したビジネスプランを発表した。

3　子どもたちのその後

　学びを深めた子どもたちに自分たちの変わったところを聞くと、答えが2つあった。1つは金銭感覚である。ものが欲しいと思ったときに「本当に欲しいかを一瞬考えるようになった」そうだ。

　お金を稼ぐということは、簡単なことではない。様々な人のアイディア、スキル、サービスに気付いたことが大きい。もう1つは親への感謝である。ビジネスの厳しさ、お金を稼ぐことを学んだことで、ただ会社に行っているのではないことがわかったという。

（文責：沼田晶弘）

〈引用・参考文献〉
スティーブ・ジョブズ『Speech at Stanford University（2005）』
https://www.youtube.com/watch? v =RWsFs6yTiGQ（2023年3月27日確認）

シンボルLab.

① シンボルLab.とは

1　シンボルラボ設置の意図

　人が椅子を見たとき「これは椅子である」と認識される。しかし、丸太でも、岩でも腰掛けることを意識したとき、どのようなものでも人にとっては椅子となる。それは物そのものに意味があるのではなく、人がモノに意味を与えているからにほかならない。自らが周りにあるものやことに対し意味付けすることで世界が形作られていく。人間にとっての世界とは、自らの概念によって意味付けされていくことで認識される。

　シンボルは社会的な意識も反映されているモノであり、それについて考えることは集団としての人間（社会）が求めていることを考え、その中に生きる自分との関係性を考えることにつながる。世界は実存するものではなく、自己の認識が産むものであるという気付きは、「自分の世界の捉え方は自分次第である」ということにつながる。

　そこで、ラボの活動を通して、「どのように生き（捉え）たいか」というヴィジョンのもと、世界の捉え方を拡げるとともに、社会を含み込んだ自らの世界を「デザイン」し、主体者として世界に関わっていこうとするマインドを育みたいと考えた。

2　Laboratoryと「枠組み」

　探究の授業や総合の授業を行う際に、問いが子どものものでなかったり、ただの体験活動で終わってしまうような状況がよく見られる（私自身も指導者として過去に経験したことがある）。その原因は「人が学ぶ」ために必要な要素がその時間に担保されていないからではないかと考えた。学び手が自らの世界を自ら更新していく「自走する学び手」となるにはどのようにすればよいのかという点に重点を置きLaboratoryの時間の設を行った。

人が何かを捉えるには「枠組み」が必要となる。枠組みとは、ある一定の要素が、方向性をもって繋がり概念となったものとする。例えば理科であれば、世の中に存在する事物・現象の関係性を、生物としての機能、物質としての特性から捉える行為を行っている。同じものを国語的に捉えるとすると、短歌や俳句のような表現になるかもしれない。そこには、それまでの自身の経験からくる知識・概念と、視点が存在する。

具体的な例として、粉を混ぜると練って膨らむ有名な菓子をあげよう。知識・経験のない人からすると「色が変わって、膨らんで楽しい」で終わってしまうが、科学的な視点から「重曹は膨らむ性質がある」「アントシアニンはPhによって色が変わる」という知識・概念をもとに見ると何が起きているか予想がつく。枠組みがあるからそのように捉えることができると言える。

また、問いに出合うためにも枠組みは重要である。一つの枠組みの中で様々な関係性を捉えるからこそ、それとは矛盾した何かが生まれるからである。枠組みが定まらなければ、対象の捉え方は自由で「なんでもあり」となり、矛盾は生まれない。枠組みをもてているかどうかという点は、学びにおいて重要なものと考えられる。

教科というものも一つの枠組みであり、様々な概念を教えるために意図的に内容が構成されている。教師が普段授業を行う中で、自然と矛盾が生まれま学習が成立するのは、教科にはしっかりとした枠組みが存在し、それに沿って矛盾が意図的に羅列されているからと考えることができる。しかし、総合や探究においては、「枠組みがない」または「複数の枠組みから捉えることが可能」であることを学習者及び指導者の双方が意識できていないがゆえに、学びが成立できていない場面が生まれるのではないか。

よって、子どもが自身の経験世界における矛盾から問いを発見するためには、こちらが目の前の子どもに必要な枠組みを把握し、場合によっては形作ることを支える必要がある。

3 Laboratoryにおける学びを成立させるための手立て

本ラボでは「シンボル」という視点で物事を捉えようとするが、子どもた

ちはそれに関わる知識・概念及び視点を全くもっていない。Laboratoryというのはこの学びの時間であるが、何もしなければそもそもこの学び自体が発生しない。そこでこの学びを駆動させるための「枠組み」を作るのに必要な視点および知識・概念を構成するためレクチャーの時間を設定した。その後、自らの興味を新しい枠組みから捉えることで自身の「問い」の発見に向かわせた。

「問い」の発見の段階では共通の枠組みのもと、教師が子どもと対話しながら子どもの世界を捉え、どこに認識のずれが生まれるのかを探した。この段階ではシンボルという視点は教師—子ども間で共通したものとなるが、対象は子どもそれぞれ違ったものとなる。教師は「その子どもが対象としているものが何か」というものを関わりの中から読み取り、個々に対応していく事となる。

② ラボの実際

1 レクチャー

シンボルラボにおける枠組みは「世界は自らの意味付け行為によって成立している」という物事を捉える視点である。非常に抽象的な概念であるため、「シンボル」という言葉の意味や意味付けという概念を、ワークショップのような形で体験しながら理解し、枠組みを作っていくことを狙い、レクチャオーを行った。各回のタイトルは以下のものである。

①シンボルとは何か（ジェスチャーを通して）
②同じジェスチャーでも意味が変わるのはなぜか
③絵文字・文字
④意味の通じない軌道を作るのはなぜか（資料「20世紀少年」）
⑤企業とロゴマーク（資料「モンスターズインク」）
⑥ブランドイメージとロゴマーク

資料1　レクチャー①「シンボル」とは

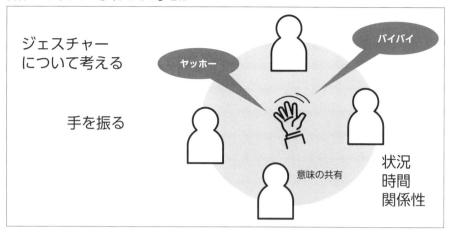

　シンボルというのも一つの捉え方であり、視点ということを明確に意識してもらう必要があったため、まずは人が物事を捉えようするとき、ある特定の視点から切り取って解釈していることを教科の見方・考え方を例に確認した。その上でシンボルとは「あるものを使って何かを表すこと」という定義を確認した。シンボルという言葉を辞書で調べると出てくる「表象」という言葉についても「あるものを別の何かで表すこと」という意味で確認した。

　子どもにとっては抽象的な概念であるため、「ジェスチャー」を例にどのような行為のことであるかを体験することとした。ジェスチャーは、その身振りの意味が通じている関係では通じるが、そうでない場合は通じない。その活動を通して「意味」は対象となるもの・ことにあるのではなくそれを見る私たちの中にあり、文脈とともに解釈をしていることへの気付きを生んだ。

　シンボルマークをつくる行為について考えることを通して「仲間」というような関係性や概念など、目に見えない物に形を与える行為について触れ、シンボルを利用してさまざまなイメージを受けたり与えたりしている人間の行為についての気付きを生んだ。

　レクチャーでは、シンボルという枠組みがどのようなものであるかを構成するための知識を具体例から体感しながら獲得することで、子どもの中に枠

組みを作り出す事をねらった。また、シンボルという枠組みをラボに参加している人間全てにとって共通の捉え方とすることも重要視した。

2　個人の探究と他者との関わり

①テーマ決め

　レクチャーを行ったのちに自分たちのテーマを決めることとなるが、探究におけるテーマ設定は非常に難しい。「問い」の質は子どもが探究を進めて行けるかどうかに関わる重要なポイントである。

　子どもが問いの発見を行えるよう意図的にレクチャーを行ってきたわけだが、ここからは子どものコンテクストに寄り添いながらその子にとっての問いを見付けることを支えることを意識した。どのようなものが「問い」と言えるかについて以下の視点を示した。

> ・シンボルの視点から捉えた際に自分の認識と「ずれ」が生まれるもの
> 　例）「なぜシンボルとなっているのかわからないもの」
> 　　　「シンボルになっていてもおかしくないのになっていないもの」

　子どもが行き詰まっていると感じた際には、その子の興味のある分野を示しながら「○○ならこう捉えるとシンボルとして成立するかもしれないね」など具体例を示しながら、丁寧に対話をしながら進めた。

　具体例を示す際には、その子どものテーマとして確定してしまいそうなものは避け、興味のある分野でもテーマとしてはやや興味をもたないであろうものを考えながら提示することを意識した。その部分はあくまで教師のその子どもに対する個人的な見立てである。

②テーマ交流

　個人の探究が前提となるラボにおいて、ただ意見を交わすことは必須のことではなく、必要に応じて繋がればよい。他者もひとつのリソースとして捉えながら有意味な関わりを生むため、ラボにおける「視点」を通して繋がることを意識させた。

資料2

私のテーマ

シンボライズできるものとできない物の違い
～なぜ剣や斧はできるのに銃はできないのか～

Mさん
剣や斧はシンボル化できるのに銃はなぜシンボル化できないのか僕も疑問になった。
剣、斧、銃以外の武器で調べるのも面白い。

Tさん
確かに剣は○○の剣とかは聞いたことがあるけど○○の銃というのは聞いたことがないからこのテーマはいいと思う

Aさん
ミニオンの映画でも「この剣をぬいた者が次の王だ」（アーサー王の剣）というのも見たことがあったのでいいと思う

テーマの解説

○そのテーマになったのはなぜか
○テーマになると考えた理由
　→テーマのどこに「矛盾」や「おかしいな」があるのかな
○自分のテーマのどんなところが「シンボル」の見方なのか

なぜテーマになったのか？？
→武器に興味があり、武器などでテーマが作れないかと思ったから。
剣や斧、盾などは、月光の剣だったり伝説の斧、幻の盾みたいにできるが、銃だとただの銃で終わりだから、なぜそれでおわりなのか不思議の思ったから。人間はなぜこうやってシンボル化するのか不思議だから。シンボル化するためには、何が重要なのか？？
シンボルになりうる物の条件とは何か？？とか、色々不思議...。
シンボルになるための条件を探す旅...面白そうッ!!
自分のテーマのどこがシンボルなのか？？
→神具や武器の象徴などに剣斧は使われるが、銃はただの武器。
剣、斧の象徴として聖なるものや月光を帯びているものがあるが、銃の象徴って無い...??
なぜなんだッ!!
剣はかっこいいと思う…??
時間、なぜシンボルをたくさん作りたがるか...?
スペインやポルトガルとかは銃社会...?
キャラクター＞銃

Nさん
武器は、確かにシンボルか出来てないし、フォートナイトとかでもキャラクターの方に目がいきそうだからそんなに銃は目立ったシンボルではないなと思う。（フォートナイト全く知りません やってません）

Kさん
シンボルになり得るものとなり得ないものっていうテーマはゆいととかと似ていると思う。
自分の意見：歴史として見たときに銃は新しいからまだ日本に馴染んでいない。海外のシンボルを調べてみて銃があったら土地も関係していると思う。南蛮（スペイン）から1543年に伝わった銃と昔話に出てくるおの。御伽草子は確か室町時代？だと思うので江戸時代と結構変わるじゃない？

Sさん
人間がどうしてそんなにシンボル化するのかというかを調べるのもいいし、せっかく気づいたんだし、銃や剣に興味があるんだったら、どうして銃はシンボル化されないのかという視点で調べても良いと思う。私の仮説は、剣よりももっと後に銃ができたから。（銃の方が現代に作られたから）だと思う。

　具体的には、各々にテーマを発表してもらう場において以下の点を意識させリアクションをさせた。

・そのテーマはシンボルラボとして成立するか

・自分のテーマと比較して共通点・差異点はあるか

・追究したらさらに面白くなるようなところはあるか

　この交流では発表とリアクションを繰り返すことで「シンボル」という視点で物事を捉えることを具体から理解していくことをねらった。ねらいのとおり、発表が進む中で相手のテーマに対するコメントが明確になっていく子どもの姿が見られた。

資料３　色の意味づけはどこから来るのか（Ｓさん）

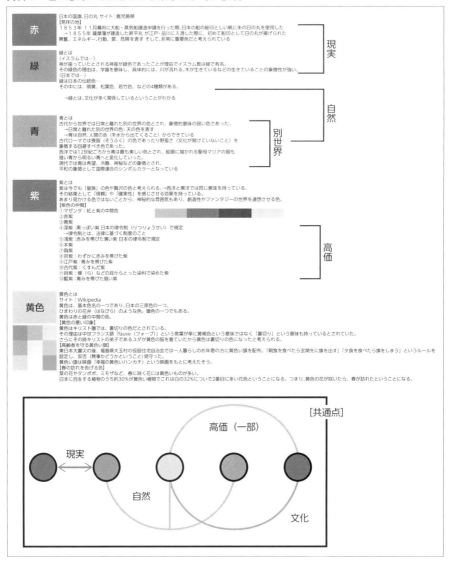

３　子どもの学びの履歴

　４年生のＳは明確なビジョンをもってラボに入ってきた子ではなかった。

　３年生時のラボでは、よく調べるが、多くの情報を得ることで満足してし

まうことが多く、新しく自分なりの考えを見いだすという点においてはまだまだ難しい面があった。

　こうした昨年度のSの姿は、教師が子どものやりたいことに合わせて明確な枠組みを示してあげることができなかったために、集めた情報を新しい視点から捉え直すことができなかったことが問題だと考える。今回レクチャーに重点を置いたのもそのような経験があったからである。

　レクチャーの前半では、提示された内容を確実に理解していくことにとどまっていたが、だんだんと獲得したものの見方を自分の身の回りのものに向け始まるようになった。シンボルマークについてのレクチャーを終え、記号の利便性や人に与える影響について考えを深めた。

　加えて、記号に含まれる「色」も人に影響を与えるものであることを知った。そこから、Sは「色」について興味をもち始める。様々な会社がセルフイメージを形にするために色を利用していることに気付くと、それぞれの色がどのような意味をもつのかについて興味をもち始めたので、色の由来図鑑を紹介する。

　それを読んで、色にはそれぞれ意味が与えられていることを知ったSは、色に対する意味付けが人によって違うことがあることに気付く。「色に対する意味づけの差が生まれる要因は何か」ということが気になったSは「色と文化の関係性」という自分のテーマを見付けることとなった。

　基本的に情報を集めることが好きな子どもなので、それぞれの色がどのような意味をもつのかについて調べ始める。ある程度情報量が集まったところを見計らって、調べた内容を表にまとめることを提案する。情報を集めることは得意だが、集めた情報有効に扱う手段が欠けていると考えたからだ。

　色の意味を宗教という視点からまとめたSは、キリスト教や仏教などの宗教によって色の意味付けが違うことに気付く。同時にどの国によっても色の意味付けがあまり変わらない色があることにも気付いた。

　「国によって変わるもの、変わらないものは何か」と問いかけるなかで、太陽や人間の体はどの文化圏においても共通であることに気付く。半年のラ

ボを通して、「色に意味をあたるのは文化と自然」という暫定的な結論を見いだした。

③ 実践から見えてきたもの

1 枠組みの必要性

　枠組みを明確に設けることで、問いを見付けて考えることができるというのは、本実践から見えてきたことである。また、抽象的な概念の枠組みであっても、適切な環境づくりがあれば子どもが獲得できるということがわかったのは大きな成果である。

　このことから考えられることは、個人的な探究を行う活動を設定する際には、教師が子どものもつ枠組みをしっかり把握することの必要性である。そこを明確に捉えることができれば適切な支えを行うことができる。教科の時間においても同様のことが言えるというのは非常に有用な気付きであった。

2 解決のための手段と探究活動

　子ども自身が探究を進めていくにあたっては、見えてきた課題を解決するための「手段」をもっていることの重要性を改めて認識した。枠組みを得て、問いの設定ができても、手段をもち得ない場合に解決するための「課題」が設定できない。「気にはなるのだけれど、どうしたらいいのかわからない」という状態になる。

　子どもの探究を成立させていくためには、それぞれの子どもがもっている手段の把握し、場合によっては提示していくことが必要になる。考え方のツールが意味をもって学ばれていくような環境を用意することが重要になっていくと考えられる。

3 追及する内容の設定

　子どもの知識量や概念的思考の段階を鑑みて、活動の方向を選択することが有用であることがわかった。概念的思考ができる子どもは抽象的な問いを設定してもそれを解明して行くことに楽しさを感じることができる。

　しかし、概念的思考が苦手な子は、そのような活動は負荷が高すぎて面白

くなくなってしまう。そのような場合には「○○をつくる」というような具体的な操作を伴った活動が有効であることがわかった。本ラボであれば「シンボルマークを作る」というようなものだ。自身が具体的に関わっていくことで、活動を通して抽象的な概念を理解していく様子も見られた。

4　探究における他者との関わりと視点

　今回のラボの中で実験的に「視点を絞り」「自分の研究と比べて」関わる時間をもったが、そのどれもが双方にとって意味のある関わり方となっていた。「自分の視点からすると、ここが気になる」「私はそのように考えてなかったから、新しいことに気付いた」「こんなところを調べたら面白いかもしれない」という言葉が多く生まれ、主題から外れるような会話はほぼ見られなかった。「枠組み」を設定し、「その枠組みと自分の研究」を絡めて関わることを意識させることは有効な手立てとなっていたと考える。

5　興味をもてない子

　自身の問いに出合うことができても、その疑問に「興味をもてない人」というのが一定程度存在する。問いを発見するためのベースとなる知識もあり、解決するための手段もある程度持ち合わせているにもかかわらずその問いに向かうことに興味をもてないのだ。

　そのような子は自己有用感が低いのか、「面白い」という体験をしたことがないのかなど様々なことを考えたが、今回の実践では明確にならなかった。そもそもとてもパーソナルな部分であり、踏み込む必要がない部分なのかもしれないが、その点をはっきりさせていくためにも、このような子どもはどのような状態で、どのように支えていくかという部分については今後の課題としたい。

（文責：大澤俊介）

てつがくLab.

① てつがくラボとは

1 ねらい

「"あたりまえ"を問うことやものを考えることって面白いんだな！」

てつがくラボを開設した目的を一言でいうならば、子どもたちにそれを感じてほしいからである。

学校教育の中で展開される様々な学習活動には、ゴールとなる知識や態度というものがあらかじめ設定されている。それらは、子どもたちが将来生きていく上で必要であり身に付けておく方がよいと考えられること、つまりは、世の中で"あたりまえ"とされていることである。だからこそ、それらは国民みんなが通る公教育で学ばれることになっているのであろう。

そのように通常学びのゴールとなっている"あたりまえ"を学びのスタートとするところに、てつがくラボの特徴がある。

例えば、「生き物の命は等しく尊重されるべきである」という旨の話は、子どもの頃誰しも大人から聞いたことがあるのではないだろうか。そのように考える、あるいは、考えるべきであるというのは世の中の"あたりまえ"であるし、それを疑うことは"タブー"とされるかもしれない。しかし、立ち止まってよく考えてみると、「人間の命と蚊の命って同等に扱われてないよなぁ」とか「もしも同等に扱うようにするとしたら法律はどうなるかな」など色々と疑問が湧いてくるはずである。

ほかにも「友達をたくさんつくろう」や「嘘を吐くのはよくないことだ」など、一歩立ち止まれば簡単にはスルーできないたくさんの"あたりまえ"を引き受けながら、子どもたちは生きている。

子ども出身である私たち大人は、伝達されてきた"あたりまえ"のうちいったいどれだけを自分の頭で考えてきただろうか。わんこそばのように次か

ら次へと口に運ばれてくる"あたりまえ"を、小さなうちは疑えず飲み込み、大きくなってからは疑わず飲み込む。微かな疑念があったとしても「いちいち引っかかっていられない」と流し込んだきり咀嚼されることなく体内で角質化したものを、そのまま次の世代に渡してしまうことも多いのではないだろうか。

そのような角質化は既に子どものうちから起きている。教師から言われたら反発する一方で、それと同じことを自分より年下の子に言い聞かせている子の姿を見ることはめずらしくない。そして、知っていることやできることの量が問われる学びが子どもたちにとって魅力的であることも角質化に追い打ちをかける。わんこそばを何杯たいらげたかは数字で表されるから、努力の実感を得やすく他者からの評価も受けやすいのである。

このような量的な学びの象徴が「できるから楽しい」という感覚であろう。ただし、そのような学び方だけに傾倒するのはいささか危険である。ただ伝達されたことを所与のものとして引き受ける態度は、他律的で無責任な学びにつながるからである。自ら吟味もしていない脆弱な土台の上にいくら知識を積み上げたとしても、その本質を捉える質問への返答には紛糾し最終的には「だって、そう教えられたんだもん」と他人のせいにするほかない。砂上の楼閣に賃貸で住んでいるような学習である。

一方で、てつがくラボで起きる学びは、知っていることが増えるどころか減ってしまうことすらある。しかしながら、「知っている」と高を括っていたことについてあらためて考えてみることで、「実はよくわかっていなかったのだ」と気付くことができたとすれば、それはひとつのことに対する理解を深める質的な学びの達成である。このような学びでは、「できるから楽しい」という感覚を得ることはまずないだろう。その代わりに、様々な角度から考えることによって次々とわからないことが増えていくため、「わからないから面白い」ということがモチベーションとなっていく。

これから多くのことを学んでいく子どもたちにとって、土台となる"あたりまえ"にこそもっとも厚みをもたせるために、あるいは、その学びが確か

に自分のものであると胸を張って言えるものであるために、慌ただしい日常の中で一度は飲み込んだ "あたりまえ" を自らの歯で咀嚼する反芻の時間を設けたい。そして、願わくはそのような行為を「面白い！」と感じてほしい。それがこのてつがくラボのねらいである。

2　仕組み

●ラボの時間は、担当教員は「世話人」、子どもは「てつがく者」とする

●てつがくラボは3つの時間から成る

「マメ」＝豆知識の省略で、世話人が哲学に関係ありそうな話や考えるための方法などを紹介する世話人主導の時間。

「カフェ」＝あるテーマについてみんなでわいわいディスカッションをする時間。みんなで映画を観たりもする。

「ボッチ」＝ネガティブニュアンスな "ボッチ" をよきものとして謳歌し、ひとりで思考を広げ深めていくための時間。

●ラボの時期によって3つの時間の割合は変わる

ラボ前期は、「マメ」と「カフェ」が中心であるが、ラボ後半に入ると徐々に「ボッチ」の時間がスタートする。誰かの個人テーマをめぐって「カフェ」を行うことによって、個人研究の糧にするとともにみんなが色々なテーマに触れる機会になったりもする。

●個人で進めるボッチにも進め方の目安は設けている

個人テーマが決まったら、最初にテーマ発表を行い、少し進んだところで中間発表を行う。それらを経て、成果物をラボ最終日に提出する。ただし、それらは「サボらないためにあるチェックポイント」くらいのものであり「提出しないと叱られるガチのタスク」ではない。

❷ てつがくラボの実際

1　全体の様子

(1)　「マメ」

子どもたちの多くは様々な "あたりまえ" をスルーしているということ自

体に無自覚的であるため、唐突に「自分の問いをもとう」と声をかけても難しい。そこで、「マメ」では「ハテナ探し」と称して校内を散策することからはじめた。すると「スーパーでは靴を履き替えないのに学校ではなぜ履き替えるんだろう？」や、「みんな個性はばらばらなのにどうして同じ教科書を使うんだろう？」など色々なハテナが見付かる。

ソクラテスやプラトンなど著名な哲学者を紹介をしたり、「アキレスと亀」や「テセウスの船」などを用いて思考の面白さを紹介したりすることもある。

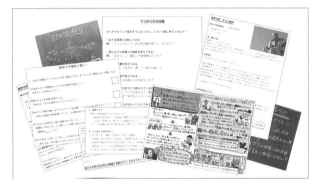

⑵ 「カフェ」

まずは、こちらがテーマを設定して、ディスカッションをする練習からはじめる。「男子と女子はどっちが得をしているか」など、子どもたちにとって意見を出しやすいようなテーマを選んだ。次第に、テーマを見付ける練習に入る。

みんなで映画『トゥルーマン・ショー』を視聴し、浮かんだ疑問を出し合った。同じ映画を見てもそれを切り取る視点は様々で、「自分の人生は本当

学年	ボッチのテーマ
4	理想と現実
4	家族がいると幸せか
4	自慢されるとウザいのはなぜか
4	小説はよくて、漫画はよくないものとされるのはなぜか
4	人はなぜお金が好きなのか
5	空気とは何か
5	人の心について
5	友達とは何か
5	ナルシストが悪いとされるのはなぜか
5	幸せな最期とは？
5	やれと言われてやりたくなる時とそうじゃない時のちがいは何か
6	異常者は本当に異常者か
6	平等と公平について
6	お金があれば人は幸せか
6	自由とは何か
6	人の死について
6	普通とは何か
6	早く大人になりたいか
6	人は亡くなった後どうなるか
6	夢は叶った方がいいのか
6	八方美人はなぜ嫌がられるか
6	この世界の前提について
6	いじめについて
6	正義とは何か
6	５億年ボタン

に自分の人生か？」や「ニセモノの幸せとホンモノの不幸せのどちらを選ぶか？」などが出される。

ひとりでは問いを見付けられない子も、みんなで行うことによって次第に問いを出せるようになる。ときには、ジェンダーやルッキズムなど世間で話題になっているトピックを紹介し、それについてみんなで意見交換をしたりもした。

⑶ 「ボッチ」

ラボの中盤を過ぎると、個人テーマを設定する。テーマを見付けるのが難しい子は、何度も相談に来ることもあった。また、もってきたテーマが世話人から見て深めるのが難しそうなものや、調べればすぐに答えが出そうなものに感じられた場合は、どういう風に進めていくつもりであるのかについてもヒアリングし、それによってテーマを変更する場合もあった。上の表は、2023年度後期のラボメンバー25名が設定した「ボッチ」のテーマ一覧である。

2　ミランダの「ボッチ」

ここからは、「自由とは何か」をテーマにしたミランダの研究に焦点を当ててその研究の足跡を紹介していきたい。

ミランダはテーマ設定に向けてMicrosoft Teamsを用いてラボのメンバーに「自由」について意見を聞いたのちに、「自由とはなにか」というテーマに決めた（以下、四角で囲まれた部分はミランダによる実際の文章である）。

- 研究テーマ
  自由とはなにか。
- なぜそのテーマにしたのか
  調べると「自由とは、他からの強制・拘束・支配・制限などを受けないで、自らの意思や本性に従っていること」とあるけど、人は一生、お金・恋などの欲の牢獄（束縛）に閉じ込められた生活を送る。だったら、本当の自由は人々は体験できないことなのだろうか。では、なんのために自由という言葉があるのか。そもそも自由とはなんなのか、気になったから。

　思考をはじめるきっかけとして辞書を参照するという方法は、「マメ」の時間に紹介した方法である。それを読んでも納得できないというてつがくの入り口に立つことができたようである。

　上記の文章は「ボッチのあゆみ」として世話人およびメンバー全員と共有されているもので、互いにコメントを書き込むようにしている。上記のミランダの文章に対して世話人は以下のようにコメントした。

　この世界には「自由」と「不自由」どちらが先にあったんだろうね。もともと自由なんだとしたら「自由」なんていう言葉はいらないはず。もともと「不自由」だったとしたら、どうしてそれに気づいたんだろう？

　社会科で憲法の勉強してると思うけど、「自由」ってすごく大切にされてるよね。でも、作文を書くときテーマを「自由」にすると困った顔する人がいるんだよね。「自由っていうのが一番困ります」って。なんだろうね？

　世話人やメンバーからのコメントを受けて研究を進めるミランダ。続く中間発表を前に「言いたいことはあるんだけど、どうまとめたらいいかな」と手書きのメモをもって相談に来たので、対話しながら思考整理を手伝った。

ミランダの中間発表の要旨は以下である。

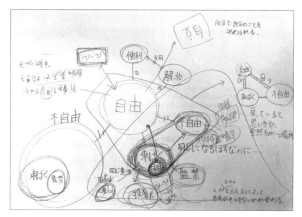

●「自由」の意味を考えるためその反意語を考えた。その結果、<u>「不自由」と「束縛」は共に「自由」の反意語だが意味が異なると考えた。なぜならば、集合</u>関係でいえば、「束縛」は「不自由」に包含されるからである。

●家でラボの話をしたときに母から「自由は欲しいか？」と聞かれた。自分の答えは「自分は今自由ではないのに、それが欲しいとも思わない」であった。自分は「好きなようにできる」という自由の側面は欲しいが、「責任や覚悟を伴う」という自由の側面は欲しくないと思っている。つまり、<u>「自由」という言葉には二面性がある。</u>

●お風呂でふとテーマについて考えていたとき、「自分は今自由ではないけれども、一方で不自由でもない」と考えた。そのことから、<u>「自由」とその反意語である（はずの）「不自由」には間の領域があるのではないかということ、また、「自由」と「不自由」は反意語ではないのかもしれない</u>と考えた。

「反意語を考える」という「マメ」で紹介した方法から思考を深めたミランダの中間発表にはメンバーから様々な反響が寄せられた。世話人からはE・フロムの名著『自由からの逃走』の内容を紹介した。

それらを受け、ミランダは成果物として3000字ほどにまとめた文章を提出した。以下は、その文章からの抜粋（ただし、意味の補足のために一部を改変）である。

● 私が今感じている自由は本当の自由ではなく、「仮り」の自由。自由と不自由の基盤は「比較」です。比較対象があるからこそ、自由と不

自由という概念が生み出されます。

- 自由と不自由は対義語と思っていました。しかし、人々は自由を求め、手に入ると不自由を欲しがる。つまり、永遠に続くループになっているわけだから対義語の関係で結べない。

- 皆さんが想像する自由とは、「自由気まま」のことだと思います。父は好きなときにゲームして、好きなときに寝る。しかし、同時に、家族をもつという選択をしたり、家を買うという選択を自分で決めて責任を負っている。つまり、「自由気まま」を意味する自由は「行動に責任をもつ」自由を背負っていなければ、叶わないのです。

- これから考えたいと思ったことは、「自由と孤独」、「暇と退屈の違い」「苦痛と退屈」「いいことって何?」「人間は何を求めているの?」など。これからも考えることはたくさんある、日常的に考えていきたいと思う。

3 おわりに

　誰かが言ったことを"素直にきく"人が増えてしまうことは、民主主義の危機であるし、社会にイノベーションを起こすような発想が生まれない世の中になってしまう、なんて大袈裟なことは考えていないが、個として主体的でつよい生き手であってほしいとは願っている。ガチャでハズレを引こうとも、それが即座に自分の幸福度を左右するのではなく、与えられるものと自己との間に思考の領域を挟む。そうすることによって、与えられたことに便乗するにしても、それに反駁するにしても、「気付けばそうなっていた」のではなく「これは自分の選択だ」と言うことができるはずである。

　本稿で紹介したミランダのように、ひとつのことについてじっくり考えるうちに、どんどんとまたわからないことを発見していくような体験が、主体としての個を育むのではないかとなんとなく考えている。

(文責：木村翔太)

HIPHOP研究所

❶ HIPHOP研究所とは

1　開設理由

　子どもたちは低学年から生活時間を管理され、自分自身で自由気ままに過ごす時間はほとんどないと言っても過言ではない。通塾や各種習いごと、それらにおける課題やテストなど、子どもたちの会話に耳を傾けると、過密スケジュールの中で日々を過ごしていることがわかる。そのような状況において、時間の制限から子どもたちはストレスを抱え、様々な問題に直面していると考えられる。

　文部科学省（2022）の調査結果から、いじめ、対教師や生徒間、対人の暴力、器物破損、不登校は増加の傾向にあることがわかる。このような子どもたちの状態は、本校においても杞憂ではない。子どもたちは、肉体的にも精神的にも蝕まれており、心身ともに解放することが喫緊の課題と言える。

　1970年代初頭、HIPHOPが生まれたと言われているニューヨークのサウス・ブロンクス地区は、薬物と暴力が蔓延し、荒廃していた。そのような中、アフリカ系アメリカ人の若者たちは、集合住宅地前の空き地や公園などに集まっては音楽をかけてブレイク・ダンスを披露した。音楽をかけながら2台のターンテーブルで間奏をつなぎ続けるDJの横で、場を盛り上げるためにマイクで煽っていたことがラップの始まりという説もある。また、自己存在を証明するためになされたタギング（個人名やグループ名をマジックペンやスプレー缶でかいたもの）が、より注目を集めるためにグラフィティ・アートに発展したとも考えられる。

　そして、当時ブロンクス最大のギャングのリーダーであったアフリカ・バンバータは暴力の無意味さを訴え、銃による闘争の代わりにブレイク・ダンスバトルを提案したと言われている。Peace（平和）、Unity（団結）、Love

（愛）、Havingfun（愉しみ）といったことを信念とする活動は、今もなお継承され、世界に広がっている。つまりHIPHOPは、人種差別や社会システムに抗いながらも自分たちにはどうすることもできないアフリカ系アメリカ人の怒りやもどかしさを、正義や自由を求める感情に昇華させ表現することによって創造された文化だと捉えることができる。

そこで、ラップ、ダンス、DJ、グラフィティ・アートという4つの要素で構成されるHIPHOPの意味や価値を体験的に探究することにより、自己の感情や思考を表現することを通して他者と関わり合うことを中核とし、子どもたちの心身が解放されることを企図し本研究室を開設した。

2 期待される学びと教師の手立て

HIPHOPという文化を構成する要素の各々の核となるものは、ラップは言葉、ダンスは身体運動、DJは音楽、グラフィティ・アートは文字や絵画である。このことから、HIPHOPは総合芸術と捉えることができる。また、それらの核を学校教育の教科・領域等に置き換えると、言葉は国語や外国語活動、身体運動は体育、音楽は音楽、文字や絵画は国語や図画工作となる。このように考えたとき、HIPHOP研究所での学びとClassでの学びが往還することが予想される。

また、HIPHOPを通して仲間とともに自己表現をすることによって、メタ認知力や感性・表現・創造の力、伝える力や協働する力といった汎用的スキルが発揮され、他者に対する受容・共感・敬意や協力し合う心、好奇心・探究心といった態度・価値が育成されることが期待できる。

そこで、そのような資質・能力が発揮され育成されるために、全体計画の合意形成、学習デザインの段階的移譲、共通課題の提示、子どもの次なる研究を駆動させる指導と評価といった教師の手立てが重要となる。全体計画は見通し・体感・認識・創造・発表の5つの段階で立て、段階を追うごとに個人で研究を進めることが量と質ともに増やしていけるように、レクチャーを設けたりメンバー全員で探究する共通課題を設定したりする。また、学習シートやTeamsによる投稿や返信機能を活用して、各人の研究に対する指導と

評価を行う。

② HIPHOP研究所の実際

1 ［第1段階］見通し

　HIPHOP研究所は、全員で同じ課題に取り組む「ミンナラボ」と各々が自分の課題に取り組む「ジブンラボ」で研究活動を構成している。まずは、その構成について筆者から説明した。また、「ミンナラボ」で取り組む『ジブンラップ』について、内容や作り方も簡単に伝えた。
次に、「ミンナラボ」について、前期の取組も振り返りながら確認した。そこでは、筆者の説明だけではなく、前期からの継続メンバーより『ジブンラップ』の説明や紹介もなされた。

　そして、「ジブンラボ」について、前期のパブリッシュLab.の内容も交えて説明した。そこでは、HIPHOP研究所において知りたいことは何なのかを問い掛け、本ラボを選択した理由を改めて振り返ることを促した。そして、その知りたいことに向けて必要なモノやコトを考え取り組んでいくことが研究のデザインにつながっていくことを伝えた。

2 ［第2段階］体感

　取組の入り口を広げるため、【ラップ】【ダンス】【DJ】【グラフィティ・アート】のそれぞれを筆者から紹介し、いくつかのアプリも活用しながら、その面白さを体感できるように試みた。

　【ラップ】については、まず前期に作成した『ジブンラップ』の動画を視聴した。そして、前期のメンバーがそれをどのようにして作成したか、筆者と前期からの継続メンバーで説明した。そこでは、前期で用いた日本語ラップのリリック（歌詞）に関する資料や押韻の解説のためのスライドを活用したり、前記の『ジブンラップ』を用いて解説したりした。また、筆者が示した何音かの母音に即して押韻する「ライムゲーム」というものを継続して行った。

　【ダンス】に関して、HIPHOPの要素の一つであるダンスは元々ブレイク・

ダンスであることを説明したうえで、ラボ内ではスタイルの限定はしないことを伝えた。筆者が課題曲を設定したり子どもの希望曲を取り入れたりして、少人数グループに分かれてその曲の一部分（30秒程度）に合わせた振り付けを考えて発表し合ったり、即興で1人ずつ踊っていく「ダンスバトル」を行ったりした。

【DJ】に関しては、選曲や2台のターンテーブルを用いた曲のつなぎやスクラッチなどについても説明したが、ラボ内では「ビートづくり」を主な内容とした。アプリ「Koala Sampler」を紹介し、その説明動画を視聴した。ビートづくりにおける音のサンプルは、自分の発する声や鳴らす音だけでなく、アプリ「Garage Band」を活用して様々な楽器の音を取り込む子どももいた。

【グラフィティ・アート】は、まず、歴史や由来、各国の作品、Nintendo Switch『スプラトゥーン3』とのつながりといった前期のメンバーの発表内容を紹介した。次に、前期のメンバーがアプリ「ibis Paint」で作成した作品や、タイルを用いてアートを描くフランスのインベーダーというアーティストの作品を参考に折り紙を切り貼りして仕上げた作品を紹介した。そして、世界的に活躍している日本人夫婦のアーティストであるHITOTZUKIも紹介した。企業や行政とも協同している彼らの作品は、学校近隣でも見られるため、身近に感じることができると考えたからである。なお、アートと落書きの違いやその是非に関して考えるべき内容であることは承知しているが、発達段階等を踏まえ、本ラボでは深掘りしないこととした。

3 ［第3段階］認識

子どもたちの活動の様子やその内容から、HIPHOPの面白さを存分に体感できていると判断できたところで、動画や資料などを活用し、改めてHIPHOPの歴史の解説や各要素の詳細な説明を行った。

HIPHOPの歴史については、文化の創造はもちろんのこと、ラップやダンス、ファッションなどスタイルの変遷についても学べるようにした。子どもたちは目で見て耳で聴くことによって、時代による変化を実感することがで

きたようである。ファッションについては、前期継続のメンバーがパブリッシュLab.で発表していたこともあり、その紹介も行った。すると、子どもたちは、ラボ活動で着用する服や帽子について関心を寄せた。

4　［第4段階］創造

後期ラボ全24回における第5回までに、一人一人『ジブンラップ』を作成した。また、言葉を集めて組み合わせ、フック（サビ）もつくることができた。また、子どもたちがつくったものを基にし、筆者の知人に依頼してビートも仕上げた。そして、本校の音楽講師に協力してもらい、録音して音源を完成させた。その後も、子どもたちが創造したものは2つある。

1つは、自分たちの音源に合わせたパフォーマンスである。それは、ダンスであったり、身体を使ったジェスチャーであったりした。はじめは単に横一列に並んでいたものが、回を重ねるたびに配置や動き、またイントロにおける会話の様子を表すなど、工夫が見られるようになった。

もう1つは、各所で撮影した動画と音源を合わせる編集である。撮影は、子どもたちの希望を基に、渋谷・原宿、校内、駒沢公園と近隣の商店街エーダンモールで行った。音源と動画が揃ったことによって、設定されたラボの時間だけではなく自宅で取り組み、Teamsで投稿する子もいた。

5　［第5段階］発表

学びの発表の場として、ラボ年間計画に「パブリッシュLab.」が3回設定されている。それに向け、各々がアプリ「Keynote」を用いて自身の取組内容をまとめ、発表スライドを作成した。

自らつくったビートやダンスについては、スライド内に挿入する子もいれば、その場で披露する子もいた。また、前期からの継続メンバーの中には、前期における取組との比較を通した内容の発展を示す子もいた。各々の発表後、ラボメンバーや参観に来ていた3年生から感想だけでなく質問も出たことにより、改めて研究の目的や意図が明確に伝えられることとなった。

③ ヒロアキの学びのデザインと教師の見取りと指導サポート

　前期ラボで、日本人ラッパーKID FRESINOの楽曲『Coincidence』を媒体としてHIPHOPの面白さを味わったヒロアキは、後期も本ラボを希望した。序盤は、前期に作成した『ジブンラップ』のライム（押韻詩）とフロー（メロディー）をさらに磨き上げることを目指して取り組んだ。筆者は、あえて助言を控えた。それは、前期ラボにおける終盤の様子から、ライムとフローを理解し、自ら工夫できるようになっていることが窺えたからである。

　筆者の知人が仕上げたビートが届くと、数名の子どもたちが、届いたビートにラップを乗せている場面を互いに録画し合って、ミュージック・ビデオの作成に取り組んだ。その中に、ヒロアキもいた。ヒロアキは、『ジブンラップ』を早急に録音することを求めた。録音した音源と撮影した動画を編集してミュージック・ビデオを作成することを考えていたのである。このことから、前期に受けたKID FRESINOの影響が感じ取れる。そして、本校音楽講師の協力を得て、専門の機材を用いて本格的に録音を行った。そのことが、子どもたちのテンションを更に上げることとなった。

　ヒロアキの希望もあり、撮影場所は、校内だけでなく校外にも及んだ。各箇所における撮影に対する要望から、ヒロアキが自身の作成しようとしているミュージック・ビデオの全体像を既にイメージできていることが窺えた。また印象的であったのは、撮影を重ねる内に、ヒロアキ自身が音源に合わせて自然とリズムに乗ったり身振り手振りでリリックの内容を表すようになったりしていったことである。

　録音と撮影が完了すると、ヒロアキは編集作業に没頭した。編集にあたり、再度KID FRESINOの動画を調べて視聴することもあった。そして、仕上げた作品をTeamsで共有しメンバーからリアクションがあったり、ラボの時間内において全員で視聴したときに拍手が起こったりしたこともあり、ますます作成への熱が高まった。第2弾のミュージック・ビデオを作成する際には、さらなる格好よさを求め、これまで視聴した作品を見直し、より多くの場面

を編集に用いることを考えた。そこで筆者は、ラップしているところだけではなく、自然な表情や姿、行動などを織り交ぜることを提案した。

　するとヒロアキは、自分たちで撮影した数多くの動画の全てに目を通し、またメンバーのリリックにも耳を傾けた。そして、自分だけではなくメンバーのリリックと動画の場面が合うように編集を繰り返した。このような取組から、自分のことを表現するだけではなく仲間の表現のよさや工夫に気付き、さらにそれを引き立たせようと試みていることが窺える。

　そしてヒロアキは、代表者による発表の場「パブリッシュLab. DX」を目指し、エントリーした。これまでのヒロアキの取組から、筆者からもエントリーすることを勧めようと考えていたが、本人の意思に任せることとした。つまりヒロアキは、自分でエントリーすることを判断したのである。これに対し、保護者の方やヒロアキをクラスで担当する教員からは、一様に驚きの声が上がった。これまで、人前で発言や発表することは極稀だったからだ。

　ラボ担当者や研究部長等、関係の教員による選考の下、ヒロアキは代表者に決定した。そのことをラボの時間に発表すると、本人も含めてメンバーのみんなが驚きや喜びが入り交じる歓声を上げた。しばらくするとそれも落ち着き、ヒロアキとともに活動してきて編集の様子や作品を見ているメンバーは、納得の表情を浮かべた。

　その後、ヒロアキは発表準備に取り掛かった。もちろん筆者もサポートしようと考え、5分間という短時間でどのように発表するかについて共に考えたり、Teamsで進捗状況を確認したりするなどした。しかし、インフルエンザにより学校閉鎖となった日もあったことなどから、発表前に全ての発表内容を事前に確認することはできなかった。そのことから、特に発表の閉じ方が気に掛かっていた。

　ところが当日、ヒロアキは見事に自分の取組を発表し、その場における感想だけではなくTeamsへの投稿によるメッセージを受けるほどの反応を得ることとなった。このときのまとめの言葉は、ヒロアキが本ラボでの取組を通じて学び獲った「自己表現」ということについて明示した内容となっている

ので、ここに掲載する。

「ラップは、映像で表すとさらによくなるし、人にも伝わりやすくなると感じた。自分のことを表すときに、ラップは言いやすい。ラップだと表現できる。ラップは、自分の性格や好きなこと、何かに対して反対に思ったり同じ考えだと思ったりしたことを伝えられる」

前出のアフリカ・バンバータは、HIPHOPを構成する4つの要素に、もう1つの要素「knowledge；知識」を加えた。彼が創設した団体The Zule Nationの一員であるMr.Wiggles（2018）は、今もなお「knowledgeとは、ヒップホップの中で自分を知り、自分を誇ること。それは、生きるための情熱となり、生きる動機となる」と述べている。この言葉をHIPHOP研究所において紹介したことはなかったが、ヒロアキのまとめの言葉の内容は、まさしく「自分を知り、自分を誇ること」と通ずる。

自己表現という視点でHIPHOPに迫るとき、改めて自分に向き合い、自分を知ることとなる。その認識内容は、決して前向きなことだけではないかもしれない。しかしながら、自分の全てを受け容れて誇り、それを表す方法を考える。そして、表現する。その一連の取組が、自分を生きることへとつながっていくのだろう。また、生きる情熱は、他者へも注がれることになるのではないだろうか。そのことは、自分だけではなく他者も輝かせようと、様々に工夫を凝らしてミュージック・ビデオを作成したヒロアキの取組が示している。　　　　　　　　　　　　　　　　　　　　　　　　　（文責：長坂祐哉）

〈主な引用・参考文献〉
・馬場洸志、長坂祐哉、倉本哲男（2022）「総合的な学習の時間における新たな教育実践～ヒップホップ型教育～」『教育デザイン研究』第13巻第2号、35～43頁
・文部科学省（2022）「令和3年度児童生徒の問題行動・不登校等生徒指導上の諸課題に関する調査結果の概要」
・友添秀則（2001）「モノ化する身体」『体育科教育』第49巻第13号、大修館書店、18～21頁
・ジェフ・チャン、DJクール・ハークほか（2016）『ヒップホップ・ジェネレーション』リットーミュージック
・Mr.Wiggles（2018）「埼玉県立杉戸高等学校ダンス部ワークショップ資料」
・大和田俊之、磯部涼、吉田雅史（2017）『ラップは何を映しているのか』毎日新聞出版

スポーツLab.

① スポーツLab.とは

1　スポーツに遊ぶ姿と探究

　今日ほどスポーツと日常が密接になっている時代はないように思われる。人間は、どうしてそれほどまでにスポーツに魅せられ、惹きつけられるのか。このことについて検討するほどの紙幅がないのが残念であるが、一つ言えるのは、スポーツに遊ぶ、とは、単に「やり過ごす」ことではなく、スポーツという所詮「フィクション」の世界に、大真面目に「まきこまれる」ことであり、それはその対象を「深める」ことと不可分の関係にあるということである（松田、2016）。そして、それが我々にはおもしろくてたまらないのだ。

　ここでいうところの「深める」という視点は、本校Laboratory活動領域において指向する探究的な学習と近似のものとして理解することができよう。つまり、スポーツそれ自体がもっている、「まきこまれ」「深める」ことを要求する性質に触れたスポーツ主体者の姿は、Laboratory活動領域において企図する探究する姿と合致するのではないか。そこで、既存の体育科学習指導要領の枷を外した状態で、子どものvisionを保障する構えを用意することで、上述の姿の実現を図ろうと企てている。

2　スポーツ研究と社会的レリバンス

　一方で、学問としてのスポーツ研究に目を向けてみると、スポーツを、単に当事者にとっての「すること」としてのみ捉えられ、研究の対象とされているわけではないことがうかがえる。

　例えば、社会生活と密接につながるスポーツの在り様について社会学的な考察を試みたり、ある特定の競技を歴史的に検討することによって、今後のその競技やスポーツの存在論を再検討したりしようとする研究は枚挙に暇がない。加えて、スポーツと人々の関係性を捉え直そうとする志向の高まりに

より、「ゆるスポーツ」や「テクノスポーツ」といったようなニュースポーツが生み出され、広がりを見せていることは、人々の価値観や社会の在り方、スポーツそれ自体の文化的発展等を考察する格好の対象になり得るだろう。

このように、スポーツを「する」だけではなく、スポーツを、ある視点から「考える」ということも可能であり、冒頭に述べたように、社会とスポーツが密接につながる現代において、スポーツを考えることは社会を考えることにもつながり得る。

このように、スポーツを対象として、ある視点から考察することにより、やや俯瞰的に「そのスポーツを成立させている価値観や社会のあり方」を捉え、考えるパースペクティブが形成される。

折しも、「教育内容の社会的レリバンスの保障」が叫ばれる時代である。人々にとって、スポーツという文化が「どうあることがよいことなのか」、換言すれば、「どのように書き換え可能なのか＝制約の意味付けや制約自体をどのように変更していくのか」ということについて考えることが、社会の在り方それ自体を検討することにつながるのであれば、まさにそれは「現代的課題の解決」へと直結しうるのではないだろうか。

3　研究の対象と視点仕組み

ここまで述べてきたことを踏まえ、【(現代) 社会におけるスポーツ文化全般・スポーツ文化によって成立している諸活動や活動システム相互の関係】を本研究室に所属する子どもの探究の対象とした。この対象を探究していくにあたり、子どもの問題関心に応じて、㋐運動学的視点、㋑心理学的視点、㋒社会学的視点、㋓歴史学的視点、㋔文化人類学的視点、等の視点を提供した。

4　学習環境

本研究室で学ぶ子どもにとっての空間的・物質的な学習環境として、以下の環境を用意した。

○自分のvisionに迫るにあたり、そのような道筋をたどってきたのかについて振り返りができるように、MetaMoJi ClassRoomを用い、活動を経て得

られた知見や自分の考え等を外化できるようにした。

○自分の学びのプロセスをモニタリングしたり、次回の活動への見通しをもたせるために、「5」にて述べる思考モデルを提示した。

○思い立ったときにすぐ試行錯誤に移れるように、校庭や体育館など、校内体育施設やそこにある用具について、安全を確保した上で使用することができるようにした。

○SPLYZA Teams/Motionというアプリケーション（映像へのタグ付け・タグの数値化・モーションキャプシャーによる動作解析が可能となるアプリ）を導入し、目的に即した、Anticipate（見通し）・Reflection（振り返り）をAction（活動）とシームレスに行えるようにした。

5　探究的な思考モデルの提示─教師の見取りの視点

⑴　ダブルダイヤモンド・モデル

　ダブルダイヤモンド・モデルとは、2005年に英国デザイン協議会によって報告されたデザイン思考モデルであり、デザイナーが問題を解決する過程で行う、発散と収束を繰り返す二重のパターーンによって構成された、【探索⇨定義⇨展開⇨提供】というプロセスを表したものである（D.A. ノーマンを引用しながら鈴木、2020）。

　鈴木（2020）は、いわゆる量的研究やPDCAサイクルのような単線的な工学的アプローチなどにおいて見られる「収束的思考は、既存の選択肢の中から判断を下す場合には実用的」だが、「未来を探究したり、新たな可能性を生み出したりする場合には、収束的思考ではうまくいかない」と述べ、創造の過程では、発散と収束、分析と総合が繰り返し絶え間なく行き来することが重要（鈴木、2020）であると指摘している。

　スポーツラボにおいて目指す姿とは、解決すべき問いを自ら見いだすことであり、その問いに迫るための課題や解決方法を自ら見いだすことであり、それらを解決する過程で汎用的スキルが発揮されたり、文脈を伴った「腑に落ちた理解」に至ったりすることである。そして、解決されるや否や、「次に解決しなければならない問いや課題が生まれてきてしまっている」、そう

した学習者になってほしい。

そこで、このダブルダイヤモンド・モデルを思考モデルとして子どもに提示するとともに、教師自身の学習者モニタリングの視点とした。

⑵　**拡張的学習**

「学習」に関して活動理論を基に再検討を試みているY.エンゲストローム（1999）によれば、それまでの活動システムやそれに依拠した実践、端的に言えば、それまで「あたりまえ」と感じていたこと、「あたりまえ」とされてきたことでは、解決できないような事態や疑問を矛盾と呼ぶ。

そして、その矛盾を解消するための方法を考えること、さらには解消した結果、それまでの「あたりまえ」が書き換えられたり、それまでの「あたりまえ」と新しい「あたりまえ」が統合されたりして、新しい活動システム＝「あたりまえ」が生成されることが「学習」であるという。

逆に言えば、そうした、「あたりまえ」では解決できないような矛盾に出合い、それまでの自己を書き換えられるような拡張が生じなければ、学習とは呼ばない。

そこで、既存の実践（＝あたりまえ）を「延長」するのではなく、むしろ子ども自身が既存の実践（＝あたりまえ）では解決できないような「矛盾」（＝問題）に出合うこと、それを超克する方法（＝課題）を生成し、その結果、新しい「あたりまえ」の構築（＝学習）へと誘う支援を行える教師が、この場合の学習環境として適切であろう。そこで、このモデルについて子どもに明示化するとともに、とりわけ問題生成期における子どもへのサジェスチョンの視点とした。

❸ ラボの実際─Kくんの場合

Kは、「ドリブルで相手を交わして突破できるようになりたい」という明確なvisionをもってスポーツラボに入ってきた。しかし、（実は多くの子どもがそうなのだが）そのためにやるべきことが整理されておらず、「ただがむしゃらに練習している」といったような状況であった。そこでまず、「ド

リブル突破」一つとっても、相手の人数、場所、味方の人数、など要因がたくさんあることや、それぞれが違えば分析結果も違ってくる可能性があることを伝え、探究の対象に制限をかけることを勧めた。それを聞いたKは、ひとまず「ドリブル突破」が最も生じやすいと思われる、「サイド」での「1対1」局面に焦点化し、研究を始めることにした。

局面は焦点化されたが、「とにかく1対1をやれば上手くなる」とでも言わんばかりに、ドリブル突破の練習をひたすら試みるK。しかし、なかなか思うように進まず、悶々とした様子であった。

授業者である私は、「手がかり」、つまり「見通し」がもてていないと解釈していたのだが、同時に、「Kには、このプロセスが必要であろう」とも感じていた。教師の支援やアドバイスが、Kに染み渡るために、「おかしい、うまくいかないぞ」という文脈は、決してマイナスではないと解釈していたからだ。

そんなある日、私はKを呼んだ。

「ドリブルでかわす、ということは、要するに何ができればいいの？」

すると、「テクニックをあげる」と答えるK。しかし、その認識こそが探究がうまく進まない原因であると感じていた私はこう伝えた。「相手に着眼すべきだ」。つまり、「要するにドリブルで突破ができる」ということは、相手の重心を動かすことだ、ということに気付かせたのである。

「なるほど、そうか！」と合点がいったような表情を見せ、「じゃあ、どうやって相手を動かしているのかを考えればいいのか！」と、iPadで映像を見るための体育館から教室に戻って行った。教師の支援によって、思考を収束させるともに、次の活動の見通しを立てることができた場面なのではないかと考えている。

次のラボの時間、Kは引き続きドリブルの映像を見ながら情報収集。しかし、いわゆる「ただ見ている」状態とは違う。「ドリブルが上手な選手」の「サイドからの1対1突破」に制限をかけて情報探索をする。そして、ドリブルが上手と言われる選手が映像を片っ端からみて、「どうやって重心を動

図1　Kの問題と生成した課題

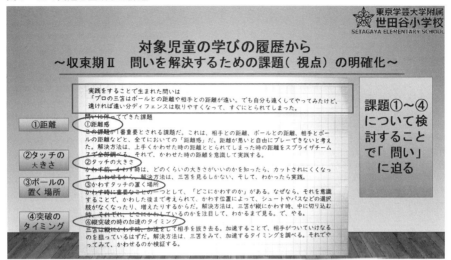

かしているのか」に着目していたのである。情報を探索し、思考を広げている場面、ダブルダイヤモンド・モデルでいえば、収束期の次の発散期である。

　すると、ブライトンに所属する三笘選手のボール捌きが、他の選手とは違うと話に来た。Kによれば、三笘選手はドリブル突破を仕掛ける前に、ボールを自分の体から遠い位置に置くという。一度右に蹴り出して、相手に奪いにこさせておいて、その瞬間に左に進む、のだというのである。

　しかしKによれば、ボールを自分から遠くに持ち出す、ということは、その分、本来奪われやすくなるし、それをさらに切り返す、というのはスピードが一層必要になるから、うまくいかないことが多いはずだ、という。

　しかしこの疑問が、Kが問いを焦点化させていく契機となる。つまり、ボールと自分の距離が遠いとボールを奪われやすいのに、三笘選手が突破できるのはなぜか？　という問いである。

　しかし、Kのこれまでの「あたりまえ」に従えば、三笘選手のような方法では「奪われてしまう」。しかし、三笘選手はその、Kが「奪われてしまう」方法でドリブル突破をしている。ここにある「矛盾」、先のエンゲストロームのいうそれが、まさに問題を生成する契機になったのだった。

その後、この問題を解決するための課題を4点生成したK。この課題生成の過程でも、三苫選手と自分のドリブルの違いを映像比較し、問いに迫るために検討すべき要因を「自分で」整理した。

　研究の問いや課題が明確になり、その解決のために試行錯誤をはじめる。そのKの姿は、「何となくドリブルをしている」当初の姿とは違う。「相手の重心を動かし」かつ「相手が届かず」かつ「自分は届く」という条件を満たす場合について検討をする、という明確な目的をもっての試行錯誤である。

　その過程で、また新しい壁にぶつかった。それは、「自分とボールの距離をはかる」といっても、実測することができない、という壁である。考えてみれば至極当たり前なのだが、ドリブルをしながら「自分とボールはxメートル離れていて、相手とはyメートル離れている」などということを正確に測ることなどできない。それらは、おそらくどこまでいっても感覚知であり、「このくらいなら抜ける」「このくらいなら抜けない」という、いわば身体化された知識である。しかし、分析をする上では何らかの目安がないと、上記の問いに迫る「最適なボールの置き位置」を検討できない。

　そう考えたKは、「身長」を使って普遍単位を見積る、という数学的な問題解決を思い付く。大体身長1つ分を1.25mと設定し、それより短ければ1m、それよりも長ければ1.75mと仮定する。その上で、ドリブルの映像を分析しながら、自分とボールの距離が1m分なのか、1.25mなのか、1.75mなのかを見積もっていく。その上で、ドリブルの成功と失敗とを分類・整理しながら、自分とボールの最適な距離を見いだしていく。

　彼が悩みに悩んだ末に導きだしたのが、数学的な思考を援用しながらの課題解決である。それを見た筆者は心底驚き、Kに対する「その子観」が大きく変わった。私自身の中でも、「新しいK」の姿を見た気がしたのである。こういう体験ができることこそが、小学校教師という仕事の奥深さであり喜びではないだろうか。

　ここまでのKの学びの履歴を、先にお示ししたダブルダイヤモンド・モデルに沿ったのが、図2である。この過程で、学習環境としての教師が行った

図2　ダブル・ダイヤモンドモデルで描くKの学び

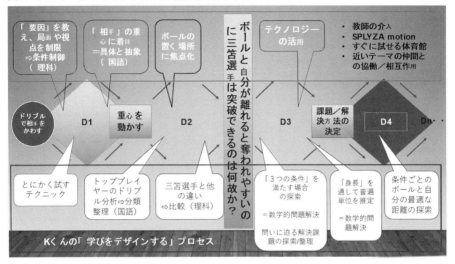

ことは、主に「制約をかける」作業であったように思う。「○○がしたい」からはじまる学びが、「そのために何をすべきなのか」が定まらないために、結局途中で頓挫してしまう。そうした経験がこれまでの実践の中で何度となくあった。

　やはり、探究的な学びやデザイン思考を伴った学習を目指す上で、「制約」と「自由」の関係は改めて検討する必要があるように思う。今後の課題としていきたい。

（文責：久保賢太郎）

〈主な引用参考文献〉
・ユーリア・エンゲストローム（1999）『拡張による学習―活動理論からのアプローチ』新曜社
・鈴木正行、池田良著（2020）「デザイン思考と社会科歴史授業の学習構造に関する一考察―ダブルダイヤモンド・モデルの観点から―」香川大学教育学部研究報告

自由な算数Lab.

❶ 自由な算数Lab.とは

1　目的

　筆者は自身の経験から、数学はその自由性が魅力的な学問であると考えている。筆者の考える数学の自由性を愉しむ活動の例を以下に記述する。

　東京書籍の教科書では図1が示され、亀の道のりと兎の道のりのどちらが長いのかを考える問題が記載されている。仮にスタートからゴールまでの距離を10cmにして考えると、2つの道のりは同じ長さになることが分かる。

　ここで、「スタートからゴールまでの距離」を変えてみることにする。すると、どんな距離であっても2つの道のりは同じ長さになることが分かる。さらに、「分割点の位置」「分割数」「形」に着目して変えてみても、（相似な図形に限るが）2つの道のりは同じ長さになることが分かる。そして、すべての解決において『分配法則』が一般性を証明することに大きな役割をもっていることが分かるだろう。

　以上のように、問題を解決し、自分の興味のある方向へと自由に問題を発展させ、さらに解き進めるという探究の連続こそが、数学の自由性を愉しむことであると筆者は考えている。そして、数学の自由性を愉しむことで、数学的に考える資質・能力や学びをデザインする力が育まれると考える。

　もちろん、算数科の授業でも数学の自由性を愉しむ活動をすることは可能である。しかし、Laboratoryの時間で行うことで、教師や他の子どもとのVISONやCONTEXTの差異という制限なしに、自分の興味・目的に合った問題を発見したり、自分の力に合った解決をしたりすることができ、数学的に考える資質・能力や学びをデザインする力を一層育成・発揮できると考えた。以上から、子どもの数学的に考える資質・能力や学びをデザインする力を育むために、数学の自由性を愉しむ研究室を開設した。

2　方法

　数学の自由性を愉しむためには、自分の解きたい問題を発見するとともに、問題を探究し続ける時間と方法が必要である。さらに、自分の学びを語ったり他者の学びをきいたりする時間を設定することで、自分の学びをより広げ深めることができると考えられる。

　そこで、本研究室では、『問題の発見』『問題の探究』『研究経過発表会』という３つの活動を繰り返して運営していくこととした（図２）。それぞれの活動において、どのような方法で児童を支えていくのかを以下に述べていく。

図1　東京書籍（2022、2頁）

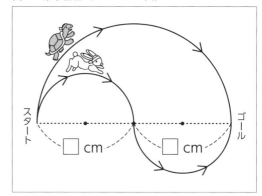

図2　運営方法

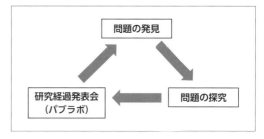

⑴　『問題の発見』における教師の支え方

　子どもに自分の解きたい問題を発見させるために２つの手立てを行った。１点目は問題を発見する視点に気付かせるために、他者の研究を紹介することである。そこで、本研究室の過去の研究や理数教育研究所が開催している「MATHコン」の作品を紹介した。特に、数学的に表現した問題は「日常生活や社会の事象」と「数学の事象」から発見されるという視点に気付かせるために、異なる事象を対象とした研究を比較して紹介した。

　２点目は問題を発見するための問いをもたせるために、子どもとディスカッションをしたり、本や教具、アプリケーションを充実させたりすることである。ディスカッションでは日常生活を振り返らせ、疑問に思うことや改善していきたいことなどを考えさせていった（主に「日常生活や社会の事象」へ

の着目）。一方、本や教具では、算数の教科書や数学の文献、ポリドロンなど数学に関連するものを設置したり、GeoGebraという数学学習用のアプリを一人一人のiPadに入れたりすることで、それらとの関わりを通して数学的な疑問や面白さを見いだせるようにした（主に「数学の事象」への着目）。

⑵ 『問題の探究』の活動における教師の支え方

個々の探究活動を尊重するという想いから、『問題の探究』の活動では基本的に子どもの探究に口を出さず見守った。しかし、探究の中で見付かった課題が子どもだけでは乗り越えられない課題であると判断した場合には、アドバイスをしたり解説をしたりした。

⑶ 『研究経過発表会』の活動における教師の支え方

『研究経過発表会』は、子どもが発表する→研究内容の意見を伝え合う→教師のコメントという流れで進めた。事前に発表資料作成のための時間を確保し、「研究テーマ」「研究の動機と目的」「研究の方法」「研究結果とまとめ」「感想と今後の課題」「引用参考文献」の順で書くように指導した。教師のコメントについては、研究の内容や方法のよさや課題について述べ、研究の今後の方向性など自らデザインするべきものについては控えるよう配慮した。

また、初回の『研究経過発表会』後には、問題をつくり探究し続ける方法として『What if not方略』のレクチャーを行った。『What if not方略』とは、ブラウンら（1990）が提唱した数学の問題づくりの方略である。端的に説明すると、図1のような原問題が与えられたとき、長さや形などの与えられた条件（属性）を捉え、その条件が「そうでなければどうなるか」を考えることで新たな問題をつくる方略である。この方略を意図して扱えるようになれば、新たな問題を自ら生み出せるとともに、新たな問題を解くことで、自らの学びを広げ深めることが期待される。

以上の理由から、子どもの数学的に考える資質・能力や学びをデザインする力を育むために、『What if not方略』をレクチャーしようと考えた。なお、最初から『What if not方略』を伝えても探究の実体験が伴わないため、子どもが必要感を感じないことが想定された。そこで、実感が伴ってきたであ

ろう、かつ、次の『問題の発見』の活動に移行する前である初回の『研究経過発表会』後にレクチャーをすることとした。

② 自由な算数Lab.の実際

1　T・Yの学びのデザインと教師の見取り、支え

　T・Yは「なぜ算数には公式があるのかを知りたい」という疑問を抱いて1年間本研究室に所属した5年生である。紙面の都合上、T・Yの前期の活動と教師の見取り、支えの概略を示し、その後後期の活動について詳述する。

(1)　T・Yの前期の活動と教師の見取り、支え

　T・YはまずiPadで公式について調べ始め、『公理』や『ユークリッド幾何学』という言葉を見付けた。それに対し、教師はユークリッド幾何学とは『ユークリッド原論』で展開した幾何学であることを伝えた。『ユークリッド原論』とは、ユークリッドによって編纂された数学書である。第1巻は平面図形に関する内容で、5つの公理と9つの公準から数学を体系的に創っていき、ピタゴラスの定理の逆（命題48）を証明するまでが記載されている。

　T・Yは自身の興味と教師からのアドバイスから、『ユークリッド原論』の第1巻の命題を1つずつ解読していくことに決めた。理解ができない命題は教師に質問しに来、教師も一緒に解読をするという形でT・Yを支えた。途中の『研究経過発表会』では、T・Yに数学の体系をより感じてほしいという願いから「『ユークリッド原論』の命題間の関係もみるとおもしろいよ」とコメントした。これにより、T・Yは命題間の関係も考察するようになった。

　前期の研究室では、48の命題のうち命題26（一辺両端角相等）の解読と命題間の関係の考察まで進め、T・Yは「公式とはこのユークリッド原論から成り立つ」と結論付けていた。

(2)　『問題の発見』後期1

　T・Yは前期に引き続き本研究室に所属し、『ユークリッド原論』の命題の解読と命題間の関係の考察をすることに決めた。

⑶ 『問題の探究』後期 1

　T・Yは初回の『研究経過発表会』前にすべての命題の解読を終わらせると、次に何を行うか迷っているため相談にのってほしいと教師に言ってきた。本人は第 1 巻を終わらせたため続きの巻をやろうとも考えていたが、本人なりにすでに満足してしまったとのことだった。

　そこで教師は、数学教育学の世界ではユークリッド的図形観は静的、有限的な図形観であるため過去に批判されたことを伝えた。そして、「何が求められていたと思う？」と問うと、<u>「動かないんじゃなくて動くってこと？」</u>と応えたため、動的、連続的な図形観を導き入れることが求められていた（例えば、前田、1961）ことを伝えた。すると、算数のClass（授業）でも図形が動く様子を観察した経験を想起し（算数は筆者が担当）、図形の動的な変化に興味をもった様子が見られた。

⑷ 『研究経過発表会』後期 1

　後期初回の『研究経過発表会』でも、「公式とはこのユークリッド原論から成り立つ」という結論は変わらなかった。一方、今後の課題としては、「『ユークリッド原論』の第 2 巻を読んでみたい」と述べていたため、図形の動的な変化に関する研究はしないのだと思った。教師はT・Yに第 2 巻以降により興味をもたせるために、『ユークリッド原論』の分析に関する先行研究（柴田、2015）を紹介し、第 2 巻以降も体系が創られ関連している様子を示した。

⑸ 『問題の発見』後期 2

　T・Yは『ユークリッド原論』の第 2 巻をやるか図形の動的な変化をやるかを決めかねていた。T・Yはとりあえずエ iPad で図形の動的な変化について調べ始めた。すると、柱体は底面の図形が垂直方向に動いてできる面の軌跡であることに気付いた。そして、研究のテーマを「立体図形の合同条件の要素の数」と定めた。

　教師がなぜそのテーマにしたのかを問うと、「立体図形は平面図形を動かしてできるものだから」<u>「合同条件の要素の数はClassでもやって、立体図形</u>

だとどうなるか調べてみたくなったから」「『ユークリッド原論』では、三角形の合同条件が大事だと教師から教えてもらったから」という３つの理由を挙げた。この理由から、Ｔ・Ｙは単に図形の動的な変化への興味だけでなく、前期から行ってきたLab.での学びやClassでの学び、教師の指導からの学びを活かして次の学びにつなげることができたのだと感じた。

⑹ 『問題の探究』後期２

　Ｔ・Ｙはまず角柱の合同条件の要素の数に対する考察を進めていた。教師に相談することなく１人で黙々と探究していたＴ・Ｙだったが、角柱の合同条件の要素の数が違うことに教師が気付いたため、底面の図形、すなわち多角形の合同条件の要素の数について一緒に考察した。その結果、Ｔ・Ｙは多角形の合同条件の要素の数の規則性を見いだし、その規則性を用いて角柱の合同条件の要素の数を正しく見いだすことができた。

　次に、Ｔ・Ｙは角錐と角錐台の合同条件の要素の数を考察していたが、自分の中で結論が出た後、教師にこれで合っているかどうか確認しに来た。教師が確認すると、どちらも間違っていた。そこで、角柱のときの考え方を活かすように伝えるとともに、角錐に関してはポリドロンという教具を使って三角錐の動きを止めるには何の要素を固定すればよいかを考えさせた（Classで決定条件をもとに合同条件を考察させていたため）。その結果、自分の間違えに気付き、正しい角錐の合同条件の要素の数を見いだすことができた。一方、角錐台に関しては、Ｔ・Ｙは（詳細は割愛するが）角錐の要素の数に２を加えればよいと考えていた。それに対して教師は、角錐の垂線上の点を決めその点を通る底面に平行な面で切ればよいだけなので、角錐の要素の数に１を加えればよいのではないかと考え、その考えをＴ・Ｙに伝えた。

　次のLab.が始まるとすぐに、Ｔ・Ｙは家族と話し合った内容を伝えに来た。それは、教師のアイデアは平行に切るすなわち角度を決めるため、やはり角錐の合同条件の要素に２を加えるという結論になるのではないかというものだった。そこで、教師は正方形の合同条件の要素の数を例に挙げ、『定義に内在している条件は加えなくてよい』ことを共有した。すると、Ｔ・Ｙは角

錐台の定義を調べ始め、角錐台の定義に底面に平行に切ることが内在されていることに気付いた。そして、角錐台の合同条件の要素の数は角錐の合同条件の要素の数に1を加えればよいと結論に至

表　質問に対するT.Yの記述（下線部筆者加筆）

質問＼時期	前期最後	後期最後
1. あなたにとって算数とはどんなものですか？	いろいろなことがつながっていく感じです。数字や図形、本当にいろいろな種類がありますが、結局全部つながっていて、全部関係しています。今は、そんな考え方です。	私にとって算数とは、1つの公式（1つのルール）みたいなものが、すべての問題に通用し、そのルールが使えない問題はまた新しいルールを作る。簡単に言うと、1つのルールが適用しなかったら、新しいルールを作る。
2. この研究室を通して、どういう力が付きましたか。	1でも書いた通り、色々なことを繋げて、客観的に見る力が付いたと思います。さらに、この公式は何が基にできているのだろうなどと、物事1つ1つに対してちゃんとした意味をもって考えられるようになりました。	適用力。通用しない、乗り越えられないかべが出てきたら、新しいルールを作ってそのかべを乗り越えていく力。

った。このとき、教師が「次は何やるの？」と問うと、「角柱とかをやったから円柱や円錐などをやった方がいいけど、まとめる時間がない」と言い、角錐台までの内容をまとめることにしていた。

　(3)(5)のときも感じたが、本研究室に1年間所属したことで、『What if not 方略』を意図して扱えるようになってきたと感じた。

⑺　『研究経過発表会』後期2

　後期2回目の『研究経過発表会』では、探究した角柱と角錐、角錐台の合同条件の要素の数を発表した。そして、「1つの解き方を使えば、色々な問題を解くことができることが分かった」と述べていた。一方、今後の課題として「他の立体の合同条件の要素の数も調べたい」という課題を挙げていた。

2　成果と今後の課題

　T・Yの質問に対する記述（表）や研究の様子から、T・Yの数学的に考える資質・能力や学びをデザインする力が育まれたのかを分析する。

　前期最後の記述から、T・Yは『ユークリッド原論』の解読という活動を通して、数学の体系を強く感じることができたと考える。また、公式の発生の所在や妥当性への着目とともに、客観的な視点を加えられるようになったと感じていることが窺える。これは、『ユークリッド原論』という教材が体

系的に数学が創られるようにまとめられていることや、命題が成り立つ理由が詳述されているという教材の価値が要因であると考えられる。

また、後期最後の記述から、立体の合同条件の要素の数を探究する活動を通して、1つの問題の解決方法を用いたり発展させたりすることで、他の問題に適用できることを学んだと考えられる。これは、角柱と角錐、角錐台の合同条件の要素の数が同じような方法で求められるが、立体の動きを止めるためにその方法の解釈を少しずつ発展させていくことが必要な教材であったことが要因だと考える。以上から、T・Yは数学の命題や解決方法のつながりを感じることができたという点で、数学的に考える資質・能力が育まれたと考える。

一方、T・Yは『ユークリッド原論』や立体の合同条件の要素の数を研究の対象にする前に、まずは自分で調べていた。そして、調べて見付けた事実にLab.やClass、教師からの学びを加えることによって問題を発見していることが共通していた。また、②―1の下線部の発言から、『What if not方略』を意図的に扱えるようになったと感じる。このように問題発見の方法に気付けたり身に付けたりすることができたという点で、学びをデザインする力が育まれたと考える。

以上の理由から、数学の自由性を愉しむ活動を通して、T・Yは数学的に考える資質・能力や学びをデザインする力を育むことができたと考える。しかし、T・Yが成長した理由は教材の価値が要因であると考察したが、その妥当性を検証したり、教材の価値を充分に把握したうえで子どもを支えたりすることはできていない。引き続き精緻に分析・考察を行い、よりよい研究室を運営できるようにすることが今後の課題である。　　　（文責：難波怜央）

〈主要引用・参考文献〉
・ブラウンら（1990）『いかにして問題をつくるか：問題設定の技術』東洋館出版社
・藤井斉亮ら（2019）『新しい算数6』東京書籍
・前田隆一（1961）『算数教育論―図形指導を中心として―』金子書房
・中村幸四郎（2011）『ユークリッド原論　追補版』共立出版
・柴田翔（2015）『体系をつくる活動に関する研究―ユークリッド原論における体系と命題間の関係に焦点を当てて―』学芸大数学教育研究第27号、45～54頁

食ラボから「協働的な学び」と「個別最適な学び」の場面を探る

❶ 「食」ラボの学び

1 「食」を学ぶとは

　筆者は、栄養教諭であることから栄養士の立場や視点をもって、調理学・栄養学への方向性にいくような声かけや資料提供などのサポートを食Lab.担任として行ってきた。子どもたち自身がLaboratoryの学びを通してどのような学びの環境を整えていくのか、計画ができているのかについて観察をしてきたが、調理学・栄養学関係の書籍のみだけで答えに導くことに満足せずに、新たにテーマをもって調査を行うためには、食を総合的な視点で見ていく能力が必要であることがわかってきた。栄養学のみに偏らない視点を育成することは、高等教育の栄養士養成課程でも新たに見直され、食との関わり方が個人問題ではなく社会や他者と関わっていることを意識することが重視されている。栄養士側が変革を求められる背景がある。[注1]

　食を総合的な視点で見て関われる姿に至るまでには、様々な食の知識や情報と出合っていく過程は不可欠である。1学期間の本Lab.の活動では、リサーチクエスチョンを初回に定めたが、研究テーマ以外の食の新たな情報とも出合えるような機会を設定した。

　例えば、オンラインでの洋食シェフへのインタビューや、ハーブの鉢植え、牛乳と色素の実験、反転卵の実験等である。子どもたちは、教師が準備した活動を経てきた。その中で、自身の研究テーマに中心を置きながら研究が出来ているかを見たいと考えている。もちろん、関係がないことには興味をもたないことや、活動に参加したくないといった声も聞こえたが、互いの研究テーマに関心をもつこと、他のメンバーの研究テーマが自身の新たな気付きをもたらすことを意識するようにと声がけを行ってきた。

　また、研究テーマを一貫して学び続けることがLab設置の目的としていた

が、新たにテーマを替える際、「まとめて終わることをせずに次のテーマにいっていいのか」と子どもたちは筆者に訊ねてきた。途中で学びたいテーマを替えることは、いままで調べてきたテーマに派生しているからなのか、飽きたからなのかは不明である。だが、調べてみた結果、「やっぱり違った」ということも個人の学びとしては起こり得ることだと、テーマ替えには理解を示してきた。

ポートフォリオについてだが、学びの蓄積、第三者から見た学びの可視化と説明を行い、全Laboratoryの共通である「ラボファイル」の活用を促してきた。実際は、進捗状況は個々によって違っている。ノート上に記入してファイルに蓄積する子どもや、デバイス上のkeynoteでそれぞれがまとめた学びをもっている子どもがいる状況であり、全体としてコンテンツの統一は行わない。

2 「協働的な学び」となるための手立て

食Lab.では、汎用的スキルとして「協働する力」「伝える力」「先を見通す力」に重点を置いた。注2 中でも、「協働」し学び合う場面をLab中において大切にしたい。授業者の考える協働とは、常に同じ方向を見るのではなく、互いに同じ目的をもつことを大切にすることである。「一緒に〜をする」といった共同作業とは異なり、各自それぞれが学び方のペースを持続しながらLaboratoryの時間を過ご

表

	学年	研究テーマ	教師の投げかけ
1	4年生	「未定」	・テーマ決め
2	4年生	「ぐみについて」	・アンケート作り
3	4年生	「インスタント食品とレトルト食品について」	・書籍購入 ・宇宙カレー
4	4年生	「外国の料理について〜料理のエネルギーについて〜」	・雑誌提供、栄養と料理
5	4年生	「かわいいお菓子の飾りつけ」	・和菓子情報提供 岡山県備前市福井堂
6	4年生	「栄養素について」	・書籍購入 ・栄養コラム提供
7	4年生	「エディブルフラワー」	・シェフインタビュー ・アンケート作り
8	4年生	「みそ汁の研究」	・味の比較について
9	4年生	「料理のレシピ」	・レシピ提供
10	4年生	「チョコレート」「おかしづくり」	・フェアトレードのチョコレートについて
11	5年生	「給食の歴史」➡「ぐみについて」	・給食についての質問対応➡反応なし？
12	5年生	「世界の料理」	・書籍提供、メディアルームで本探し
13	5年生	「紅茶について」	・メディアルームで本探し
14	5年生	「紅茶について」	・メディアルームで本探し
15	5年生	「和菓子について」➡「サイエンススイーツ」	・メディアルームで本探し、サイエンススイーツのサイト紹介
16	5年生	「日本と海外の給食の違い」➡「ぐみについて」	・給食についての質問対応➡反応なし？
17	5年生	「紅茶について」	・メディアルームで本探し
18	6年生	「紅茶について」	・メディアルームで本探し
19	6年生	「郷土料理について」	・家庭科で持参した書籍『和食手帖』から情報集め
20	6年生	「レシピについて」	・レシピ収集声がけ
21	6年生	「危険な食べ物組み合わせ」	・危険な理由の情報提供
22	6年生	「おうちでつくれるレシピ」	・サイト紹介
23	6年生	「世界の主食」	・メディアルームで本探し
24	6年生	「ハーブティーについて」	・ハーブの苗購入
25	6年生	「小麦粉アレルギーの代替食材について」	・書籍購入

せる環境を目指してきた。手立て
としては、進捗状況を口頭で発表
する「いまここ」（写真1）で進
捗を発表してきた。1学期間毎
回、進捗を見てきたのだが、テー
マは決まっているものの、調査活
動がまだまだという印象を全体で
共有してきた。他者の学びの進捗
をみて、一緒に行動する姿から
は、影響を受けている面も見受け
られる（写真2、3）。

　本来はディスカッションや意見
交換ができる場がLaboratoryにあ
った方が、「協働」的な学びを最
適化できるのではないかと考えら
れる。例えば、一人で家庭科室か
ら離れ、メディアルームに欠かさ
ず通い、本を一人で読み続けるK
さんの姿は、自分の学びに没入し
ている姿ともいえるが、メディア
ルームに「Kさんの調べているナ
トリウム（食塩）は過剰摂取して
はいけない栄養素であること」を
筆者が伝えに行くと、その日の感
想には「今先生から教えてもらっ
たことが驚きだった」と記してい

写真1　いまここ（左下から右下にサイクルする）

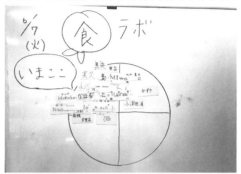

写真2　6年生のハーブティーに参加するメンバー

写真3　2色おもてなしティーづくり

た。Lab.担当者の声かけや情報提供のタイミングがLaboratoryでは重要であ
る。だが担当の教師との時間は限られている。そのため、学び合う関係性が

起こるのが望ましい。個人ごとに最適した学習環境と、協働する学びを教師はあまり緻密に計画し、設定しなくても、相互作用が生じやすいのがLaboratoryの学びである。

3　個別最適な学びをみとる場面

筆者は子どもたちが初めにもっていたラボへの目的意識を持続させることに困っていた。例えば、料理のレシピを調べて、実際に作ってみて味の感想をまとめようとするが、1回で終えてしまい、そこから研究が続いていない場合には、子どもたちよりも大人の筆者が「大丈夫かな？」と心配になっていた。

多くのことを調べ、まとめて発表することに意欲的な子どももいるが、「他者は他者、自分は自分」とペースを崩さずに研究と向き合う様子も見られた。

自分自身で研究に取り組むことができている具体例をここで紹介したい。

⑴　4年　Sさん

ラボ当初から、「インスタント食品とレトルト食品」に関心を寄せていた。「みんなと意見交換してみたい」をやってみたいことに挙げている。4年生の伊藤、大矢らと「エディブルフラワーについて」のアンケートづくりを一緒に行おうとしていたが、回数を経てから個人の研究に切り替えて取り組んでいた。「買ってはいけないレトルト食品、インスタント食品」という書籍を探して読み進めてきた。ハウス食品のオンライン工場見学で紹介された「宇宙食」も関心をもって調べる、調べ終えることを繰り返してきたが、当初から一貫したテーマである「インスタント食品」と「レトルト食品」について調査している。

⑵　5年：Hさん

ラボ当初は、「食べ物が組み合わせてできる意外な味」をテーマにしていた。5月ラボデイにおいて授業者がオンラインにて知人の下平シェフにインタビューを企画した際、「隠し味には何を入れているか？」という質問ができてきた。下平シェフからは「シチューに味噌、洋食では日本の食材が味をまとめてくれる」という回答が得られた。さらに自身で研究テーマを深掘りし

ていくかと思ったのだが、それから研究テーマを数回替えている。テーマは「犬と猫の栄養」、「成長に必要な栄養素」となった。メディアルームの書籍や６年のAの研究を参考に調査をしてきた。６年のKのハーブティーの研究にも混ざり、他のメンバーの研究にも関心を寄せている様子がある。

　夏休み前には、ラボの時間終始メディアルームで本を探しながら研究テーマについて悩んでいた。決めたのは「世界の珍しい料理」であった。前期のLaboratoryのまとめでは世界地図を使って世界の料理を自分なりにまとめている。

(3)　6年：Aさん

　昨年度後期ラボから、「栄養と○○」ラボに所属していた。動物の栄養や、果物の栄養について自身で本を準備し、ノートにまとめる作業を行ってきた。ラボ中盤から、６年生周囲の雑談に混ざりがちになり、同じく６年野々村の「ハーブティー」の研究を一緒に行っている。研究は答えがすぐに出ないものでもあること、時間をかける学びのよさに気が付いてほしい。

❷ 校内研究授業「パブリッシュLab.に向けて発表をしよう」

　５月に開始されたLaboratoryの活動は、10月に前期Laboratory終了を迎える。食Lab.は９月28日の校内研究で授業公開を行うことになった。どのようなラボの様子を校内の教員と講師の運営指導委員に見てもらうかを検討する中で、パブリッシュLab.（通称パブラボ）への研究発表に向けた様子を見てもらうこととした。

1　子どもたちの学びの履歴

　筆者は個人の追究する研究テーマに新たな視点をもてるように、校外学習や専門家へのオンラインインタビューをラボで設定してきた。前年度の食Lab.の前身である「栄養と○○ラボ」においては、徒歩でパティスリーNAOKIのオーナーにお菓子の美味しさやこだわりについてインタビューを行った。また、同じく徒歩圏内にある南東京動物医療センターを訪ね、獣医師から動物の健康についての話を聞き、施設見学を行ったこともある。どの

活動も、新たな視点をもって学ぶ
楽しさを知ってほしいことがねら
いであり、全体での振り返りはあ
まり時間をかけて共有してこなか
った。

写真4　ラボデイ振り返り

　今年度の「食ラボ」では、食を
通して、ラボメンバーそれぞれの
研究テーマを意見交流する中で新
たな視点の違いを知ることをラボ
のねらいとした。ラボの設え方は
大きく2つである。毎回、自分の
研究テーマがどのような進捗であ
るのか発表する形式と授業者が食
の情報を提示してから個人の研究
に入る形式である。

写真5　ラボデイ

　その他の協働的な学びとして
は、今年度も校外学習を行ってき
た。6月のラボデイでは、ラボデイ校外学習を中心になって企画した6年生
により、ハウス工場のオンライン見学を行った。オンライン工場見学後、全
体で感想や新たな気付きを共有したが、個人の研究にどう生かすかの問いか
けはしなかった。

　9月14日㈬ラボデイにて森永製菓工場・MUSEUMSの校外学習に行った
後の振り返りはラボ1回分使って全体でどのような視点が個人の研究とつな
がるかの共有を行った。様々な意見が出され、子どもたちは校外学習を通し
て新しい視点をもったことが確認された（写真4、5）。

　その後は個人の研究のまとめへの時期になったため、全体で同じ時間を共
有する協働的な学びの場面を設定した。個人研究をよりよくすることにつな
げていきたい。

2　授業のねらい

　個人の研究テーマを追究していく姿が「孤立」している姿とはならないよう、協働的な学びとしてグループワークを行った。限定された友人関係だけで終わらせず、ラボメンバー同士の相違点に面白さを感じながら考えを深められるように座席は筆者が設定した。

3　協働的な学びを行う教師の手立て

(1)　グループワークの設定

　抽出児童3名の研究発表内容を元に、各グループで意見交流を行った。他者の評価や自己表現の経験が個人研究の再構成を促す。意見をどのように相手に伝えることができるか、また意見を受けた側は、他者と違う視点に面白さを見いだせるか。同時に他者との関わり方である社会的スキルを育てる場となる環境の変化とする。

(2)　思考方法の提示[注3]

　グループワークが批判的思考となるような思考法として、「四則演算発想法」を試してみる。「＋」は価値を加える、「－」は情報を引く、「×」は価値を倍増する、「÷」は情報を分けることである。

(3)　ICTの活用

　それぞれiPadにおいてMetaMoJi ClassRoomを活用する。教師の共有方法の簡易化、学習のポートフォリオの共有、見える化を行う。

(4)　展開案

「パブリッシュLab.に向けて、メンバーの学びをよりよいものにしよう」
研究発表に向けてみんなで検討してみよう

↓

発表のモデル化を教師が提示する
全体で最初に意見を出し合う

↓

Aさんの発表をグループでも話し合ってみよう
MetaMoJiを使って、グループで話し合う

$\downarrow$

全体で共有する

「Aさんの発表いいな〜」と思ったところ

「もっとこうした方がいいよ」というところ

$\downarrow$

自分の研究を再検討してみよう

$\downarrow$

個人の研究のまとめへ

図　今日のラボの感想「チームの話し合いから、自分の研究につながることは？」

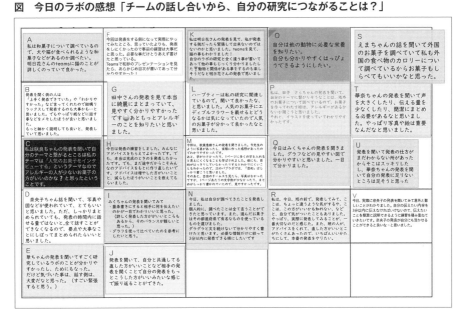

4　校内授業研究協議会

「よい研究とはなにか」

　よい研究を目指す中で、食Lab.の子どもたちはどのような研究を目指しているかが議論の一つとなった。リサーチクエスチョンとなる問いの設定が重要であること、また子どもが進めていく授業進捗の中において教師がどの程度関与していくかを模索しながらも、どこにもない研究・一貫した研究テー

マに寄り添えるような放任と介入のバランスをもった手立てを教師が打っていることが大切である。

　また、パブラボに向けて本授業は子どもたちに「プレゼンする際にどのようなことを必要としていたか」の気付きをもたらしたことが話題となった。わかりやすさの多様な基準への気付き、箇条書き的な思考への危惧、これから小学校を卒業した後の大人に向かった際の学びにつながるような研究を食Lab.において丁寧に子どもたちと学びをつくっていきたい。

（文責：今　里衣）

〈注〉
①中村丁次、2022、「特集 新時代の栄養学〈巻頭インタビュー〉「環境」「社会」にも貢献する栄養という科学」、『ヘルシスト274号』。https://healthist.net/nutrition/1622/（2022年9月19日確認済）
②2022年度Laboratory研究室（食Lab.）経営計画より
③新発想のデザイン思考より（山岡）。

〈引用・参考文献〉
・奈須正祐（2021）『個別最適な学びと協働的な学び』東洋館出版社
・文部科学省初等中等教育局教育課程課（2021）「学習指導要領の趣旨の実現に向けた個別最適な学びと協働的な学びの一体的な充実に関する参考資料（令和3年3月版）」
・中央教育審議会（2021）「『令和の日本型学校教育』の構築を目指して〜全ての子供たちの可能性を引き出す、個別最適な学びと、協働的な学びの実現〜（答申）」
・山岡俊樹・編（2022）『サービスデザインの発想法　アイデアを生み出す17のメソッド』オーム社
・上田遥（2021）『食育の理論と教授法』昭和堂

第3章

実践編②

Classで育つ子ども

言語生活者を育む国語科

① 国語科の年間カリキュラム

　本校のカリキュラムでは、国語科の年間時数は若干削減しているものの標準的なカリキュラム内容とほぼ変更はない。（資料１参照）。多くの学校と同じように、カリキュラム・マネジメントに努め、他教科や学校行事と関連・統合・総合を図りながら子どもにとって必然性のある学びの連なりを生み出すようにしている。これから紹介する「伝記を読み比べてみよう」という単元は、国語科教科書に掲載されている「伊能忠敬」と社会科の江戸時代の学習と関連させて展開している。

資料１　国語科年間計画（第６学年）

		4月	5月	6月	7月	9月	10月	11月	12月	1月	2月	3月
話す聞く		「立場を決めて主張を明確にしよう（パネルディスカッション）」【意見の相違・意図・計画的・考えの深化】		「地域の防災について話し合おう」【立場を決めての主張】				「哲学対話をしよう」【探究】			「書評を書いて話し合おう」	
書く				「パンフレットで知らせよう」【相手・目的・効果的な資料・構成】※宿泊行事との関連	「随筆を書こう」【ものの見方考え方・具体例との関係】				「物語を作ろう」【展開・表現】		「自分の考えを発信しよう」【説得力】	「卒業文集を書こう」※卒業の会との関連
読む	詩					「詩の学習」						
	説		「雪は新しいエネルギー」【事実、感想、意見の区別・主張と事例の関係・論の展開・構成】					「ぼくの世界、君の世界」【筆者の主張・要旨・事例・構成】	伝記伊能忠敬＋＠【人物像・生き方・自分をみつめる】			
	物	「あの坂をのぼれば」【人物関係・視点人物・対比】				「川とノリオ」【表現の効果・心情変化・構成】	「きつねの窓」【ファンタジー構造・場面転換・心情変化】			「長編物語に挑戦しよう」		
言語文化			「雨」「世代による言葉のちがい」	「薫風」「迷う」「随筆を書こう」【ものの見方考え方・具体例との関係】	「三字以上の熟語の構成」「複数の意味をもつ漢字」「知恵の言葉を集めよう」「熟語の使い分け」			「言葉は時代とともに」「音を表す部分」「敬語を表す言い方」「同じ訓をもつ漢字」「日本語の文字」「さまざまな読み方」				

② 課題選定の基準〜第６学年「伝記を読み比べよう」を例に

　通常、「伝記」を扱った学習では、伝記を読んで、叙述を基にその偉人の生き方を学び、それについて考える学習を展開していく。確かにそのような学習でも叙述を基に人物像や生き方を捉えることからことばの学びとして十分に成立している。しかし、Class共通で育成する資質・能力（汎用的スキ

ル及び態度・価値）を育むためには、さらに踏み込んだ展開にする必要がある。本単元では、同一人物の伝記を2作品読み、読み比べてみるという学習課題を設定した。この単元においてねらった資質・能力は「批判的思考力」「他者に対する受容・共感・敬意」である。

そこで、本単元では同一人物の伝記を読み比べ

資料2　単元デザインシート

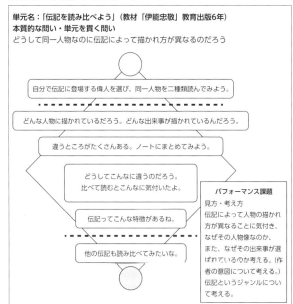

単元名：「伝記を読み比べよう」（教材「伊能忠敬」教育出版6年）
本質的な問い・単元を貫く問い
どうして同一人物なのに伝記によって描かれ方が異なるのだろう

自分で伝記に登場する偉人を選び、同一人物を二種類読んでみよう。

どんな人物に描かれているだろう。どんな出来事が描かれているんだろう。

違うところがたくさんある。ノートにまとめてみよう。

どうしてこんなに違うのだろう。比べて読むとこんなに気付いたよ。

伝記ってこんな特徴があるね。

他の伝記も読み比べてみたいな。

パフォーマンス課題
見方・考え方
伝記によって人物の描かれ方が異なることに気付き、なぜその人物像なのか、また、なぜその出来事が選ばれているのか考える。（作者の意図について考える。）伝記というジャンルについて考える。

て、その描かれ方に着目していく学習を行った。単元デザインシートは資料2のとおりである。

❸ 単元展開

大まかな単元の展開は以下のとおりである。

1　教科書を読み、人物を捉える観点について話し合う。
2　自分が伝記を通じて知りたい偉人を一人選ぶ。
3　その人物の伝記を2社以上用意して、読む。
4　人物を捉える観点に沿って比較しながらノートにまとめる。
5　小グループで発表し合う。

❹ 子どもたちの学びの軌跡

子どもたちは「人物を捉える観点」を話し合い、整理した。

第3章

1 子どもたちが話し合ってまとめた「人物を捉える観点」

発言　行動　考え方　努力　雰囲気　偉業　体格　興味・関心
雰囲気　出身　財力　人間関係　性格　才能　持ち物　習慣

　次に、自分が選んだ同一人物の伝記を2冊読み、「人物を捉える観点」を
用いてノートにまとめていった。

資料3　Aさんのノート

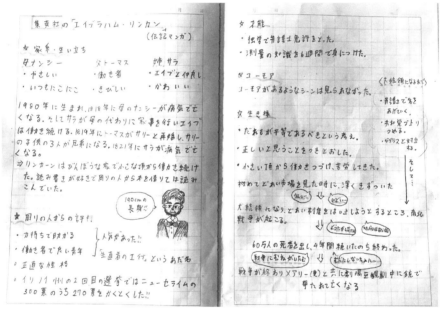

　さらに、2冊に対するノートが完成した後、それぞれの伝記を読み比べ、
共通点と相違点についてタブレット上でまとめていった。

2　Bさんの記述（人物の描かれ方、特に性格の違いについて比較）

　　A社では、父が厳しくリンカーンを指導していたり激しい口調で叱っ
たりする嫌なイメージが強かった。B社では、家族に少しでも楽をさせ
てあげたいという優しい性格に描かれている。また、B社では、リンカ

ーンは冗談をよく言って人を笑わせていたことや寂しがり屋の性格でもあるなど、人物の特徴について詳しく書いてあった。

3　Cさんの記述（人物関係の描かれ方の違いについて比較）

　　A社は、家康が優しいというよりも頭が良いという感じに描かれている。秀吉が家康を江戸に行かせて、家康の力を弱めようという企てにも気づいているように見える。そして、築山殿との夫婦仲もあまり良くない。それに比べてB社は、頭はあまり良くないけれど、性格は良い感じに描かれている。秀吉の企てには気づけていないように見える。築山殿との夫婦の仲は悪くはなさそう。

4　Dさんの記述（内容の中心の違いについて比較）

　　A社の方は、発明品を中心に話が綴られている。Bの方は、エジソンの人生の中心により細かくまとめられている。また、B社はエジソンのことだけではなく、歴史の流れや周りの人物についても注目している。その理由として、A社は低学年向けに発行したことが原因なのだろうと思った。A社はとにかくエジソンをいい感じに書いている。例えば、「エジソンがベルの電話を改造し特許をとった」と言うことを、A社では「なんとベルの電話を改造し特許を取得しました」と電話をエジソンの発明として取り上げている。
　　B社も似ている表現ではあるが、その端っこでベルのキャラクターが「横取りしやがって」と言っている。これはベルが言っているのだが、B社がエジソンの人生を中心により細かくまとめたためだろう。多分、A社は「小学生には偉人に対してのイメージをよくもってもらう」「人を尊敬する心を育む」などの考えがあるだろうと推測する。その他にも違いとして驚いたのは結婚相手の名前である。（略）

資料4　Dさんのタブレットのシート

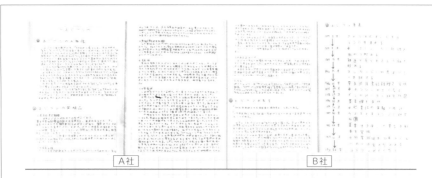

A社　　　　　　　　　　B社

　　2枚ともまとめてしまったので、写真を見るでけでは分かりにくいと思います。
比べたのはGakkennからのビジュアル伝記Ⅰ「エゾソン」(Aと呼ぶ) と
　　株式会社光陽メディア天才!? 科学者シリーズ⑤(Bと呼ぶ)
です.
　　わかったことは、Aのほうは発明品を中心に話が綴られるが、Bのほうはエジソンの人生を中
心により細かくまとめられていることがわかった。
　　それにBはエジソンのことだけではなく、歴史の流れや周りの人物についても注目されている。
　　その理由としてはAは低学年向けに発行されたことが原因なのだろうと思った。それとAはと
にかくエジソンのことをいい感じにしている。
　　例えば、「エジソンがベルの電話を改造し特許をとった」
と言うことをAでは『なんと出るの電話を改造し特許を取得しました』
と、電話をエジソンの発明として取り上げているのに比べ、Bはまぁ似ている表現だが、その端
っこにベルのキャラクターが、「横取りしやがって」と言っている。これはベルが言っているの
だが、つくったのはBの出版社のためそのような解釈をしていることになる。それがさっき言った
「Bのほうはエジソンの人生を中心により細かくまとめられている」と言うことだ。
　　多分Aの会社は「小学生には偉人に対してのイメージをよく持ってもらう」「人を尊敬する心
を育む」などのお考えがあるのだろうと予想した。
　　そのほかにAとBの違いとして驚いたのは結婚相手の名前である。
　「え!?嘘だ〜」と感じた人もいると思うが自分が読んだ感じだと変わっていることがわかっ
た。そもそもエジソンは再婚経験がある。
　一人目はメアリー・スティルツェル。それは同じだ。しかしメアリーはエジソンと結婚してから
13年後の29さいの時に急な病気で亡くなっています。それからの再婚相手の女性の名前に違い
があります。
　Aでは「マイナ」と言う名前で紹介されているのに対し、Bでは「ミーナ・ミラー」となってい
るのです。自分も「エジソンは2回再婚していて、メアリーとマイナの間にミーナがいたりする
のだろうか」とBを模索したがBには「マイナ」のマの字ものっていなかった。

両者の比較

5　Eさんの記述（視点・物語性の違いについて比較）

　　A社は、他の人からの目線で書いて、会話文がなかった。B社、ショ
パン本人からの視点で、物語っぽくて会話文が入っていた。会話文は録
音されてはいないはずだから、この物語に合うように筆者が考えて書い
たのではないか？

100

　A社はショパンの子供時代も詳しく書いていたが、B社はショパンが20歳の時にティトゥスとポーランドを出てウィーンに行く所からしか書いていなかった。（略）A社はショパンが何をしたのかがよくわかったが、2冊目は何をしたのかと、その時ショパンがどう思ったのかもわかりやすかった。

　子どもたちが2冊の伝記を読み比べようとしたとき、「批判的思考力」が発揮される。最初は「書かれていることと書かれていないことの違い」「同一内容に対する表記の違い」など、読んですぐにわかることに気付いていく。さらに読み比べていくと、「どういう視点で描かれているのか」「なぜそういう描き方をしたのか」「その意図は何か」など視点や描写に関する表現技法や物語の構造について考えるようになる。

　この単元では、伝記上の偉人の生き方を「すばらしいもの」「ありがたいもの」という前提の上に読み進めるのではなく、自分が伝記を読み比べて人物の多面的な描かれ方を受け止めながら読み深めていくことができた。こうした伝記上の人物に対する姿勢は、「他者に対する受容・共感・敬意」を培うことにつながっていく。

　タブレット上のシートに自分の考えをまとめた後は、シートを友達と共有し、グループ発表を行った。同じ人物の伝記を読み比べていたとしても、「比べ方」によって、発表の内容が異なることにも子どもたちは気付いていった。

❺ 学習の発展

　この単元で学んだ人物像を捉える力や読み比べる力は、その後、社会科の歴史上の人物を捉える時や物語文の登場人物を捉える時にも活かされていった。つまり、国語科の伝記で学ぶ「伊能忠敬」と社会科の歴史で学ぶ「伊能忠敬」という内容的な連続性だけではなく、「批判的思考力」や「他者に対する受容・共感・敬意」という「汎用的スキル」として、その後の学習と関連しながら発揮されたと考えられる。　　　　　　（文責：清水　良）

私たちの生活の発展と“小さな犠牲”
～日本の工業の過去・現在・未来～

❶ Classとして社会科の授業を進めるにあたって

1　「社会問題を含んだ教材」を提示する

　教科担任制となり、時数としての余白が少なくなってきている。１学期の食料生産の単元では、以前なら自分が食べているものの産地や無農薬などのこだわりを、時間をかけて調べながら、子どもたちと追究していくことを練り上げていった。

　しかし、現在の体制ではそのようなことを行っていくことは難しい。授業者として、この単元で子どもたちと追究していきたいことに子どもたちの問題意識が向いていくような「社会問題を含んだ教材」を提示していくことを今まで以上に強く意識して、授業の準備を進めていった。

2　振り返り

　限られた時数の中で、子どもたちがどのようなことに問題意識をもち、どのようなことに考えを深めていったのかを授業者として把握していくことは欠かせない。また、子ども自身にも自分の考えがどのように変わってきたのかを意識させ「自分ごと・当事者意識」をもたせていきたい。そのためにも「振り返り」が欠かせない。

　振り返りは、単元前半であれば内容の焦点化や子どもの課題意識をシャープにする手立てになる。単元後半では、社会問題に対してどのような考えをしているか，自分や社会の在り方を考えたり問うたりする姿を見つめさせる手立てになる。

　振り返りは、タブレットを活用した。資料１のように単元で１枚のシートに、毎時間の最後に自分の考えをまとめるとともに、板書の写真や使った資料などを貼り付け、自分がどのような学びをしていったのかを整理させていった。

資料1　子どもの振り返り

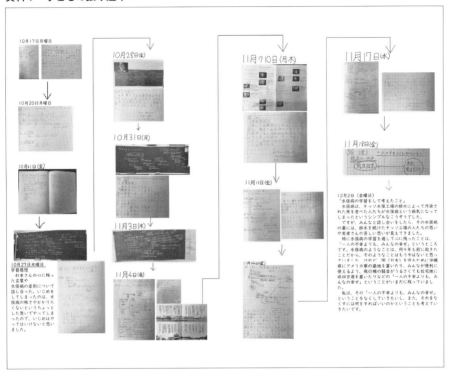

2　5年生「私たちの生活の発展と“小さな犠牲”～日本の工業の過去・現在・未来～」

1　単元の構想

　1学期、5年生の社会科では、「食料自給率」をキーワードに日本の食料生産について学習していた。日本の食料自給率は、37%という数字を知り、その数字がもつ危険性を考えた。子どもたちは「食料自給率を上げるにはどうすればいいか」ということを追究していった。子どもたちは、「農業に携わる人を増やせばいい」「畑を増やせばいい」「国産のものを私たちが積極的に食べていけばいい」ということを発言した。

　確かに、その視点は間違っていない。しかし、一人一人の子ども、どこま

第3章

図1　単元デザインシート

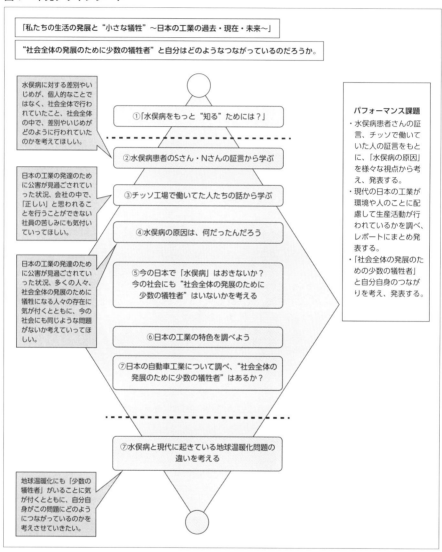

「私たちの生活の発展と"小さな犠牲"～日本の工業の過去・現在・未来～」

"社会全体の発展のために少数の犠牲者"と自分はどのようなつながっているのだろうか。

①「水俣病をもっと"知る"ためには？」

水俣病に対する差別やいじめが、個人的なことではなく、社会全体で行われていたこと、社会全体の中で、差別やいじめがどのように行われていたのかを考えてほしい。

②水俣病患者のSさん・Nさんの証言から学ぶ

③チッソ工場で働いてた人たちの話から学ぶ

日本の工業の発達のために公害が見過ごされていった状況、会社の中で、「正しい」と思われることを行うことができない社員の苦しみにも気付いていってほしい。

④水俣病の原因は、何だったんだろう

⑤今の日本で「水俣病」はおきないか？
今の社会にも"社会全体の発展のために少数の犠牲者"はいないかを考える

日本の工業の発達のために公害が見過ごされていった状況、多くの人々、社会全体の発展のために犠牲になる人々の存在に気が付くとともに、今の社会にも同じような問題がないか考えていってほしい。

⑥日本の工業の特色を調べよう

⑦日本の自動車工業について調べ、"社会全体の発展のために少数の犠牲者"はあるか？

⑦水俣病と現代に起きている地球温暖化問題の違いを考える

地球温暖化にも「少数の犠牲者」がいることに気が付くとともに、自分自身がこの問題にどのようにつながっているのかを考えさせていきたい。

パフォーマンス課題
・水俣病患者さんの証言、チッソで働いていた人の証言をもとに、「水俣病の原因」を様々な視点から考え、発表する。
・現代の日本の工業が環境や人のことに配慮して生産活動が行われているかを調べ、レポートにまとめ発表する。
・「社会全体の発展のための少数の犠牲者」と自分自身のつながりを考え、発表する。

でそれが実現可能なのかを十分には考えていない。どこかで聞いた"解決法"に基づいたスローガンやキャッチフレーズだけを唱えるのではなく、自分や周囲の人々の願いとそれに関わる問題の複雑な構造についての確かな社会認識を基に、どのような社会のあり方がよいのかを考える子どもを育てていき

たい。

　1960年代に発生した水俣病は、日本の高度経済成長の犠牲になった人々である。そして、水俣病は、今も続いている。「発展のために取り残される〝小さな犠牲〟」は、水俣だけであろうか。2011年の東日本大震災後の福島原発事故。首都圏に電力を供給するために遠く離れた場所に作られた原子力発電所。首都圏の人々の暮らしの豊かさを支えるための原発のせいでふるさと追われた人々。ネット通販という便利さを支える宅配ドライバー……今も社会には同じような仕組みがたくさんあるのである。どうしたらよいか……。

　なかなか解決策を考えることは難しい。しかし、社会は誰か一人の力で動いているわけではない。子どもも含めた〝わたし一人〟の思いが重なり合って、社会の大きな動きになっていることをまずは、自覚することが大切なのかもしれない。このような問題意識で活動を構想した。

2　実践の様子

⑴　水俣病→日本の工業（自動車産業）→地球温暖化という流れ

　本校が使っている教科書（教育出版）では、日本の工業について学習をした後に、環境問題について学習することになっている。今回は、日本の工業の学習の前後に環境問題を取り上げた。水俣病を先に学習することにより、子どもたちは、「水俣病のようなことが今の日本でも起きる可能性はあるのか」「自動車工場は、環境や周囲の人のことを考えて生産しているのか」と問題意識をもって、今の日本の工業について学習を進めることができたと思われる。

　また、「被害者」「加害者」「市民（それを取り巻く多くの人々）」という視点で水俣病を整理したことにより、現代の環境問題の一つである地球温暖化の問題の構造をつかむことができたのではないだろうか。しかし、やはり、時間が足りず、温暖化の何が問題なのかを具体的に考えることが十分にできなかった。地球温暖化は、理科の学習と重なる部分もある。さらなる教科間の連携を行っていく必要がある。

⑵　一人一人の行動

　図２の板書の写真は、「水俣病の原因は何か」ということを話し合ったも

図2　板書

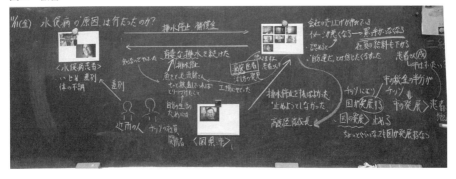

のである。

　水俣病や地球温暖化に問題を「被害者」「加害者」「市民（それを取り巻く多くの人々）」という３つの視点から、整理しながら追究を続けてきた。そのことにより、「市民」の意識や行動も大きな影響力をもつことに子どもたちは、気付いていくのである。それは、最後に書いた子どもたちの学習感想にも「一人一人が気を付ける」「一人一人が行動していく」ことの大切さを書いている子どもが多かった。

　３学期は、「情報」について学習を進めていった。松本サリン事件の新聞報道を手掛かりに読者の責任について追究していった。一人一人が、新聞やテレビから受け取った情報から自分の考えをもち、行動している。そして、その行動が、時には人を傷つけることもあることを知り、一人一人の持つ力の大きさや行動の責任につなげて考えることができた。しかし、その「一人一人」の中に"わたし"を位置付け、自分の生活や行動を見直すというところまでは不十分であるように感じる。６年生の政治の学習においても"わたし"を意識させていきたい。

⑶　**水俣病を教材としたこと**

　子どもたちが水俣病を追究したことにより学んだことはたくさんあると思う。教材研究がまだまだ不十分であり、水俣病、水俣事件のどの部分を子どもたちと追究していくのかよりはっきりさせていく必要があると思われる。

　子どもたちは、「市民」という言葉を授業の中で多く使っていたが、「市民」

とはいったい誰なのだろうか。水俣病の苦しみに注目していったが、水俣病に水俣の人々がどう向かい、どう解決に向け努力していったのかということをもっと子どもたちと追究したほうがよかったかもしれない。そうすることにより、これから子どもたちが立ち向かうであろう、解決が難しい問題に立ち向かう視点やエネルギーをくれるのではないかと思う。

3 最後に〜「知っている」を問い返す〜

単元の最後に、私が以前に教えた子どもの日記を紹介した。

　今日、社会で水俣病について考えました。私は、水俣病という名前と、熊本、新潟で起こったということだけで、知っているなんて言ったことは、すごく今となっては、はずかしいですね。知るっていうことは、この世の中で一番難しいことだと私は今日、改めてわかった気がします。

今回も、「今日から水俣病の学習をします」と子どもたちに話すと、「知っている」「四大公害病の１つ」「熊本県だよね」という反応をする子どもたちが多かった。確かに、間違っていない。でも、本当に「知っている」のだろうか。一年間の授業の振り返りに、ある子どもが「水俣病は、自分の心を深く悩ませるものだった」と記していた。

この日記を書いた子どものように表面的に"知っている"という自分自身の言葉を問い直すことの大切さ、水俣病を表面的にしか見ていなかった自分に気付いた子どもも多かったのではないか。

自分の「知っている」を問い直す、そのような子どもを育てる社会科の授業を目指していきたい。

（文責：松本大介）

自ら音楽にはたらきかけようとする心情を育む音楽科~仲間との表現活動を通して~

1 本校音楽科が目指していること

1 本校音楽科の目標

　本校音楽科で育てたい子どもは、「自ら音楽にはたらきかけようとする心情」をもった子どもである。この"心情"は、様々な音楽経験を積み重ねながら育まれた「仲間と表現をつくる力」と、その子の中にわき起こる「自信」とともに生まれる心の在りようだと考えている。

　自ら音楽にはたらきかけていく心情は、学び続ける原動力となり、自分たちの表現をよりよくしようと追究する姿や、次の活動への期待をもつ姿となって現れる。それは、子どもたちが日々の活動での姿や、書き綴っている学習感想が、次の活動に繋がって追究されていく様に表れていることから見取ることができる。

　音楽科では、本校の研究テーマである「自ら学びをデザインする子ども」を、様々な表現活動を通して「自ら音楽にはたらきかけようとする心情」を育むことで育てていきたいと考えている。

2 学びをデザインするための「見通し」や「自信」

　私たちは目標を実現するために、子どもたちの「仲間と表現をつくる力」を育てることが必要だと考えている。学級の仲間と表現をつくる中で音楽の楽しさにひたり、音楽や仲間のさらなる魅力に出合いながら、子どもたちは仲間と表現をつくるために必要な経験を積み重ねていく。

　子どもたちは自身の経験から、音楽表現をするために必要な知識や技能とそれを獲得するための方法、経験から導き出される表現に対する発想、仲間と協働するスキルなどの力を身に付けていく。そのために私たち音楽科では、各学年やそれぞれの子どもの姿を見取りながら、どのような活動をすることが有効かを検討し、指導計画を更新している。

子どもたちは様々な表現活動を通して、新たな活動に出合った際にもこれまでに経験してきた表現活動から「○○すればできるかもしれない」という「見通し」や「自信」をもてるようになってきている。この見通しや自信が、自らの活動をデザインしていくためには欠くことができない。そのためには、自分にとって意味のある活動を重ねていくことが必要である。

　そこで私たちは、音楽の授業において子どもがその活動に意味があると感じるために、授業後に書いた学習感想や前時の振り返りから、本時は何に取り組むかを子どもとともに対話をすることからはじめている。このように子どもの見通しをもとに授業を展開していくことで、子どもが自分のたちの活動を自分たちでつくっていることを実感し、自分の学びをデザインすることにつながっていくと考え、音楽科のカリキュラムを作成している。

3　カリキュラムの構造

　本校音楽科のカリキュラムは、大きく二つに分けて構成されている。一つは「音楽で楽しむ活動」、もう一つは「仲間との作品づくりをする活動」である。この二つを主軸にして、常時活動として歌唱領域を中心にした活動や、学校文化活動と連動して取り組む活動を位置付けている。また、令和4年度よりGIGAスクール構想のもと各自に貸与されているiPadを活用し、創作活動にも積極的に取り組むようになってきている。

⑴　「音楽で楽しむ活動」

　子どもたちの音楽経験を広げながら、音楽的な要素の理解や、もう一つの「仲間との作品づくりをする活動」をするための経験をするものとして題材を位置付けている。各種の歌唱活動、箏や和太鼓などの和楽器への取組、サンバなど諸外国の音楽との出合い、身の回りの音に耳を傾ける活動などを音楽的な見方・考え方を働かせながら取り組むことで、自ら音楽にはたらきかけようとする心情を育もうと考え、計画的に年間計画の中に位置付けている。

⑵　「仲間との作品づくりをする活動」

　主に各学年の後半に位置付け、学年のまとめとして展開する活動で、これまでに経験してきた活動を振り返りながら、どのような表現活動をするかを

子どもたちと内容を決めて取り組むものである。ときには発表会を開き、同学年の仲間や保護者を招くこともある。

　この活動で大切にしていることは、「子どもの道筋で活動を展開する」という点で、常に子どもが本時をどのように捉えていて、次にどのようにしたいと思っているかをリサーチしながら活動を進めるようにしている。

　年間の活動計画の中では、より子どもたちが自分たちで展開していることを実感できるようになるために、各学年の最後に位置付けているまとめの活動の前に、そこにつながる活動として「子どもの道筋で展開する活動」を位置付けている。

　共通事項に示されている音楽を形づくっている要素は、それらの活動の中で具体的な場面を通して実感できるよう、どの場面で取り上げることができるかをあらかじめ想定をしながら活動を展開している。とくに高学年では、この「仲間との作品づくり」に割く割合が増え、6年生は小学校音楽全体のまとめの活動として、年間のほとんどをこの活動に関連させるように計画をしている。

② 活動を展開する教師の手立て

1 子どもが見通しをもつために

「今日は何をするつもりで音楽室に来た？」と問いかけるところから授業がはじまる。この問いに例えば子どもたちは「三宅太鼓」と即答する。教師はさらに「三宅太鼓の何をするつもりなの？」と問いを重ねる。子どもたちは「前の授業でやった地打ちを一緒に叩いてみようと思ってる」などと言う。

高学年の「わたしたちの発表会」の活動では、前時に皆が書いた学習感想の一覧を読みながら、本時の活動内容を指揮者の子どもが中心になって決めている。MetaMoJi ClassRoomを使って書き綴っている自分の学習感想と、それを全員でシェアする一覧を使って、自分の活動の歩みと前時に他の仲間が感じていたことをもとに、本時の活動内容や時間配分が子どもたちの手によって決められていく。

こうした毎回の積み重ねを様々な音楽活動で継続させることが、自らの学びをデザインする子どもを育むための教師の手だてと考えている。

2 子どもが手応えを実感するために

たとえば3年生ではCups

音楽科　活動一覧

		学期	1学期											2学期								
		月	4月		5月				6月				7月	9月				10月				
		週数	3	4	1	2	3	4	1	2	3	4	1	1	2	3	4	1	2	3	4	1
6年生 (50時間)	主活動		グループで合奏しよう ～同属楽器を使って～		「今年クラスで表現したいこと」→ 「どの曲ならみんなの表現したいことが実現するか」																	
5年生 (50時間)	主活動		お気に入りの場所を 音で再現しよう			koala Sampler で オリジナルリズム			合奏しよう　ジンギスカン						「発表会に期待することは」→ → 「仲間と合奏をしていこう」→							
4年生 (60時間)	主活動		音楽で旅をしよう～箏～				音楽で旅をしよう 三宅太鼓			音楽で旅をしよう サンバでブラジルへ												
	常時活動		楽しくのって歌おう							響きを感じて歌おう												
3年生 (60時間)	主活動		ドレミで 遊ぼう		音の重なりを 感じよう		自分で書いた楽譜で 演奏しよう			Cupsでオリジナル・ パフォーマンス						リズムで 遊ぼう					
	常時活動		楽しくのってうたおう																			
2年生 (60時間)	主活動		お相手さんに 校歌を教えよう		元気にうたおう		お相手さん に藤棚の歌 を教えよう	楽器となかよし　合奏をしてみよう　歌と楽器を														
	常時活動		ようこそ おあいてさん								お気に入りの歌を歌おう										
1年生 (60時間)	主活動			校歌を 歌おう	元気にうたおう		藤棚の歌を 歌おう		お気に入りの 歌を歌おう	手遊び歌とわらべうた											
	常時活動										お気に入りの歌を歌おう										

　　　　　　　　　　 仲間との作品づくりをする活動（重点活動）　　　　　　　　 子どもの道筋で展開する活動

の活動を位置付けている。一人一人がプラチックカップで基本パターンのリズムができるようになると、次はグループでそのパターンを生かしながら自分たちのオリジナルのパフォーマンスをつくっていく。

　しかし、中にはいっこうにうまくいかないグループがある。そのようなとき、私たちはむしろある程度うまくいっているグループに入って、さらに楽しく活動が進んでいくようにしている。自分たちでさらに先に活動が進んでいく気配が感じられたらそのグループを離れ、停滞しているグループのてこ入れに向かう。

　停滞しているグループはたいがい主張の折り合いが付かなかったり、目指す作品のイメージが共有されていなかったりすることが多い。教師は互いの主張やイメージをことばや図に表してメモにしたり、具体的な表現で示した

	3学期													
11月		12月		1月			2月				3月			
2	3	4	1	2	2	3	4	1	2	3	4	1	2	3

最後の発表会
→「合奏」：課題に向き合う、よりよい演奏を追究→「本番」

わたしたちの発表会
「候補曲から曲を選ぼう」→「楽譜をよく見てみよう」
「もっと良い演奏をつくろう」→「思いをこめて演奏しよう」

合奏しよう Yellow Submarine	4年生のまとめをしよう
	思いをこめて歌おう

この音はなんの動物?～「ピーターと狼」～	合奏しよう	3年生のまとめをしよう
	思いをこめて歌おう	

合わせてみよう　＊鍵盤ハーモニカや打楽器を使って	楽しかった2年間
	思いをこめてうたおう

楽器となかよし　鍵盤ハーモニカとなかよし	
	思いをこめてうたおう

▨ 音楽で楽しむ、音楽と仲良くなる活動　　▨ 音楽経験を広げる活動

第3章

りしながら子どもたちが楽しくなってきた気配を感じるまで一緒に活動をするようにしている。そうすることで、その先、自分たちで活動を前に進めていけるようになっていけることが多い。

　その活動を自分たちで前に進めていく手がかりを、つかめるようにするために教師が関わるようにしている。とりわけ、子どもの道筋で授業を展開する際には、そこに関わりの力点を置いて授業を行うようにしている。

③ 活動一覧

　「活動一覧」を参照。 （文責：齊藤　豊）

〈引用・参考文献〉
・齊藤豊（2018）『自分の学びに自信がもてる子ども（学び続けるシリーズ③）』東京学芸大学附属世田谷小学校研究図書、東洋館出版社
・齊藤豊（2015）『きく　かたる　かかわりあう　子どもたち（学び続けるシリーズ②）』「音楽部提案」東京学芸大学附属世田谷小学校研究図書　東洋館出版社、68頁
・津田正之（2018）「初等音楽科教育の意義」吉田武男（監修）笹野恵理子（編著）『MINERVAはじめて学ぶ教科教育⑦　初等音楽科教育』ミネルヴァ書房、3～8頁

思いを "かたち" にしていく図画工作の時間

❶ 図画工作で何を育むのか

　私には、図画工作が他の教科と完全に違う特色をもっているという感覚が、幼いころからあった。多くの時間で大人から教えられたことをただ再現していると感じていた一方で、図画工作の時間は自分で主体的に「生み出している」という確かな感覚があった。

　もちろん、国語でも作文を書いたり、算数でもオリジナルの問題を作ったりする時間がある。しかし、子どもの私にとっては、それらとは明確に違う何かが、図画工作の時間にはあった。「正解」という言葉を使うと語弊があるかもしれないが、あえて書き表すなら、正解が自分の中にある教科であった。

　だからこそ自分の表現に対し、大人から「こうしなさい」と指示されたり、筆を取られて「こうするんだよ」と、自分の作っているものに手を入れられたりしようものなら、本当に嫌な気持ちになったものだ。

　では、図画工作で何を育むのか。その一つ目として挙げられるのが、子どもの「こうしたい」という思いではないかと考えている。「つくり、つくりかえ、つくる」という言葉が、造形教育の中で大切にされているが、いったんやってみて、自分の思いと違うところに気付き、よりよくしていく姿が図画工作の時間にはたくさん見られる。その繰り返しによって、子どもは自分の「もっとこうしたい」という思いを育んでいく。大人はそれを温かく見守り、ときどき、「こうしたいな」という思いがまだ出てこない子どもの相談

に乗りながら、力が発揮できるように支えるのである。

　イメージを具現化する造形活動を通して、子どもの「こうしたい」という思いを育む図画工作、そんなことを考えている。

❷ 図画工作のカリキュラム

1　カリキュラムだって、「つくり、つくりかえ、つくる」

　図画工作を担当する大人は、より創造的な仕事をしているので、授業で扱う題材について「明日これやってみようかな」という気持ちが授業の前日になって湧くことは多い（材料の制約があるので実行できないことも多いが）。また、授業開始の子どもの顔を見るまで、ずっと頭の中で「どちらにしようかな」とルーレットが回っていることもある。だから、カリキュラムを「仮置き」はしても、それをそのまま遂行する訳ではなく、いつも可変のものとして考えている。

　コンテンツベイスの教育からコンピテンシーベイスの教育への移行が言われて久しいが、いまだにコンテンツに縛られた教育が行われている事実には気を付けたい。私たちは、目の前の子どもにとって豊かな学びの時間を提供できるよう、カリキュラムを塗り替えていきたい。

2　コンテンツフリーの教育実習へ

　教育実習においても、図画工作部から授業で扱う題材を仮に指定するものの、実習生がチャレンジしたいという題材があれば歓迎することにしている。子どもとの楽しい活動を生むとき、指導する大人が「やらなければならない」状態になっているよりも「やりたい」状態である方が意味のある活動につながりやすいに決まっている。

　確かに、「やらなければならない」題材の研究を深め、その面白さを実感できるところまで掘り起こし、子どもとの活動をつくっていくことが重要であるという見方もある。しかし、教育実習生にも「こうしたい」という思いをもって授業に臨んでほしいのである。「やらなければならない」を越えて、子どもと楽しい学びの時間をつくることを第一にしたいと考えている。

くどいようだが、以上のような意図でカリキュラムも「つくり、つくりかえ、つくる」のである。

3 図画工作の時間に発揮させる力

これまで図画工作のカリキュラムについて語り合うとき、6年間で平面や立体、造形遊びなどの領域をバランスよく経験させることや、発達段階に応じた用具を扱い、技能を身に付けることについてばかりが取り上げられがちであった。

しかし、「学びを自分でデザインする子」を育む研究をスタートさせるに先立ち、本校図画工作部で「図画工作の学びとは何か?」という本質的な問いに立ち戻って検討してきた。これまでの多様な題材による実践の中から共通する資質・能力を洗い出し、次のような3つの力を通して、図画工作の意義を考えることにした。

創造的な造形活動を通して、
①自分の好きな感じを探り、自分にとっての意味や価値をつくる。
②他の世界観や価値観に触れ、そのよさを感じながら広げる。
③自分のイメージを大切にしながら、周りの友達と活動をデザインする。

では，実際に本校ではどのような実践が行われているのか、以下具体を紹介していく。

❸ 図画工作の "Class" の具体

1 総合学習の中の造形表現

本校の低学年は総合学習を行っている。子どもの思いや願いに応じて教育活動が展開され、その活動の中で造形的な力も発揮される。これまで様々な活動が子どもとともに作られてきた。

ある年の1年生は、みんなで「お化け屋敷」を作ることになり、特に関わりの多い2年生や6年生を招待したいと考えた。「入ってきた人が怖くなる

ように工夫を考えたい」という子どもの
意見から活動が広がっていった。

　その年にテレビで放映されたホラー映
画「IT」を見た子どもが「自分（自身）
がピエロになりたい」という願いをも
ち、みんなでフェイスペインティングを
して楽しんだ。ほかにも、黒いビニール
袋をかぶって段ボールから飛び出す子ど
もや、手を真っ赤にしてお客さんに見せ
る子ども等、怖さを表す表現が各所に見
られた。

　ある年の2年生は、「ひみつきち」を
テーマに取り組んだ。学校の敷地の中か
ら自分たちで場所を決め、自分たちの好
きな空間を作っていく活動である。当然これも子どもたちの発案であるが、
必要な材料を子どもたちと考えていった。

　段ボール、ペットボトル、葉っぱ、牛乳パック、ビニール袋、プラスチッ
ク、段ボール、新聞紙、発砲スチロール等、子どもたちはこれまでの自分た
ちの造形活動の経験から、イメージに合う材料を提案し、活動の中で試して
いった。

　活動の振り返りの中で「みんなで協力したら一人でできなかったこともで
きたこと」「材料の使い方を試してみることの大切さ」「アイディアを出し合
うことの楽しさ」等が子どもの口から聞こえてきた。子ども一人一人がもつ
イメージを自分たち自身で具現化する中で、子どもたちは多くを学んでいる。

2　誰かに向けてつくること

　卒業の会と入学の会に向けて、中学年の子どもたちは会場の飾り付けを担
当する。これまで取り組んできた題材を思い出しながら、どんなイメージで
飾りを作るかについて子どもたちで話し合って決める。

ある年の４年生は、「キラキラワールド」という題材に取り組んだ後であったこともあり、一人一人がキラキラの鳥を作って、舞台の天井からつるしたいと考えた。そこには、卒業生が中学校に向けて「キラキラ」とした姿で「羽ばたく」という意味が込められている。

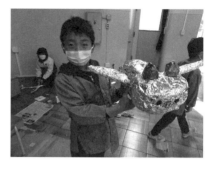

　"Class"で行われる活動が学校文化行事に生かされるとき、子どもの作る動機は強くなる。学年という集団で一つの場を作る中で、自分の考えも大切にしながら、協働して周りの友達と活動をデザインすることになる。

3　12さいの力で

　ここ数年の第６学年２学期の課題は「木工」としている。６年間の学びの集大成として、自分らしい世界観が表現されることを願っている。また、進学への不安を抱えたり、思春期の人間関係に悩んだりする時期に、自分が主体となって「つくる活動」に打ち込んでほしいという願いも込めている。

　子どもたちの活動には「木材を使うこと」や「造形室で作ること」という制約があるものの、これまでの学習経験を生かしながら、活動はそれぞれの方向へと進んでいく。家でも長く使えるような実用性のある物を作る子どもや自分の好きなテーマに向かう子ども、オリジナリティ溢れる個性的な形や色にしていく子ども、一つ一つの工程を丁寧に進め作品を仕上げる子ども、大人びたデザイン力を発揮させる子ども等、多様である。表現力や感性を発揮させる図画工作の時間であるからこそ、多様な活動が生まれる時間を設定している。

　２学期に取り組んだ木工作品は、卒業制作として展示を行う。学校中のみんなに見せる機会があり、見に来た１年生から５年生は、「やっぱり６年生はすごい」と口にしながら、紙にメモを取ったり、メッセージを残したりする。また、５年生の中には「来年は私たちの番」ということを意識しながら鑑賞する子どもも多い。このように、「つくることへの意欲」が学年を越え

て受け継がれていく。

④ 子どもたちに期待する姿

　本校の図画工作の活動を見た人から、「小学生がこんな高度な表現をするのか！」「中学生の作品かと思った！」等と言われることを期待しているのではない。もちろん、そのような活動になってもいいし、そのように言われることがあってもいい。

　図画工作の時間にねらっているのは、決して子どもたちを早く大人にすることではない。子どもの時間を十分に豊かに過ごすことである。繰り返しになるが、ある子どもが何か小学校では扱わないような内容に興味をもって自分で獲得していくことを否定はしないし、むしろ素晴らしいことだと言いたい。

　しかし、私たち大人が子どもたちの実態を跳び越して、難しい内容を子どもに獲得させる必要はない。子どもには子どもの時間があり、その子どもが豊かに成長することこそが大切である。だからこそ、どうしようかと悩む時間も、試行錯誤する時間も、失敗する時間も、それぞれが大切だと感じている。私たち大人はときどき見失いがちであるが、その点は間違えないように子どもたちを見守りたい。

　卒業するときの子どもたちの姿として、「先生から教わったことは特にない」と言い、「自分たちで学んだのだ」と言って卒業するくらいがよいと図画工作部では話している。

（文責：武田　渉）

ふかめる学習へつなげる低学年のベースボール型ゲーム「チーターゲーム」

① ベースボール型ゲームを低学年のカリキュラムに

今回のWBC（World Baseball Classic）における侍ジャパンの活躍により、野球に興味や関心をもった人が増えたのではないか？人と人とのつながりが、チーム全体のパフォーマンスに大きな影響を与えることを改めて感じることができる大会であった。

さて、本校の低学年の体育的活動のカリキュラムは、運動のおもしろさにふれ、身体を「たがやす」ことに重点を置いて作成している。ゲーム領域で身に付けたい運動感覚としては、視線保持・かわす・投げる・捕る・ける・とめる・打つ・走る・歩くなどである。

平成29年に改訂された「小学校学習指導要領解説　体育編」（文部科学省、2018）では、ボール運動の領域をゴール型・ネット型・ベースボール型に分類し運動を取りあげている。

その例として、ゴール型はバスケットボール・ハンドボール・ポートボール・サッカー、ネット型ではバレーボール・プレルボール・テニス・バドミントンなどがあげられている。

しかし、ベースボール型はソフトボール・ティーボールとあげられている運動種目が少ない。その要因として、運動スペースの確保や安全性などの環境問題、ベースボール型ゲームのルールが複雑で運動技術や戦術の難易度が高いことがある。

本校は環境スペース面での影響はない。ルール面においては試しのゲームを提案し、そこから子どもと共にルールをアップデートしながらゲームをつくっている。ベースボール型は、中学年・高学年のカリキュラムにティーボール・バットレスボール・クリケットなどを入れてきた。しかし低学年では、道具の操作や打撃の難しさ、運動量の低さ、そして安全性などの理由から、

カリキュラムに入れていなかった。

　そこで、重点目標や付けたい力、6年間の学びを系統的に見直し、令和4年度の2年生のカリキュラムに初めてベースボール型のゲーム単元「チーターゲーム」を入れることになった。

令和4年度　体育部の提案

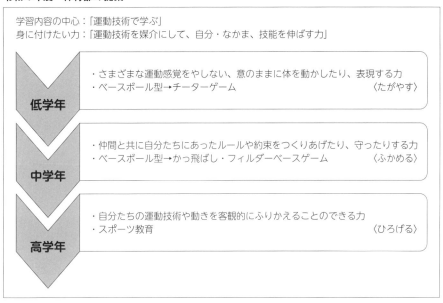

　低学年の重点となる、「たがやす」は中学年以降も「ふかめる」「ひろげる」の関係性の中で位置付き、つながるものである。例えば、「ふかめる」は技術・戦術・認識などの思考と認識や他者認識の拡張、「ひろげる」は攻防の緊張関係、つまりスポーツの構造と機能の関係、また、スポーツ企画や体育理論などでは、4年生からのスタートするLaboratory活動ともクロスする学習と捉えている。

❷ チーターゲーム

チーターゲームの主なルール

- 攻守それぞれ２回まで、１回の攻めで６打席（６人）が攻める。
- 打者：打ったら15m先の（△の）地点まで全力で走る。

  守備：補球した子どもの地点に６人が集まり「OK」の合図を出す。
- 空振りの際の打ち直しができる。

チーターゲームの単元展開

第１～４時	第５～７時	第８～11時
〈オリエンテーション〉 ・ゲームを知る ・ワニさんでボール捕球 ・攻めの方法３つの試しのゲーム ①→ボール投げver. ②→ボールけりver. ③→ボールを打つver. ※攻め方は③に決定	〈ステップ①〉 ＊攻め ・チーターのように最後まで走り切ろう ・力いっぱいバットを振ってみよう ＊守り ・点を防ぐにはどうすればいいかな？ →ボールがどこ落ちるか ＊ルールの見直し 〈ステップ②〉 ＊攻め ・スペースを狙って打ちたいな ・守りが後ろにいるからチョビ打ちをしよう（バント） ＊守り ・打者によって守備位置を変えよう →守備配置・守備範囲	〈リーグ戦〉 ・５試合の総得点で順位を決定 ※勝利数ではない ・打者によって守備位置を工夫する ・守備位置によって打ち方をかえる

③ 学びの履歴

1 オリエンテーション

　お試しのゲームは３つの攻め方で試した。１つ目の「投げる」は、投力に個人差もあり、なかなか得点が入らなかった。しかし、守りの方法や手順を学習する上ではよかったと考える。また、得点が入ったときの盛り上がりはチームのモチベーションアップにつながった。

　次の「ける」ゲームでは、空いているスペースを狙ったり、強弱をつけてけったりという動きにチャレンジする子どもの姿が見られた。

単元デザインシート

本質的な問い・単元を貫く問い
守り：どうすれば、仲間が速く集まってOK（アウト）にすることができるのか？
攻め：どうずれば「チーター（1点ゲット）」になれるかな。
　・どうすれば速く走り切れるのか？
　・どこにどのように打てばよいのか？

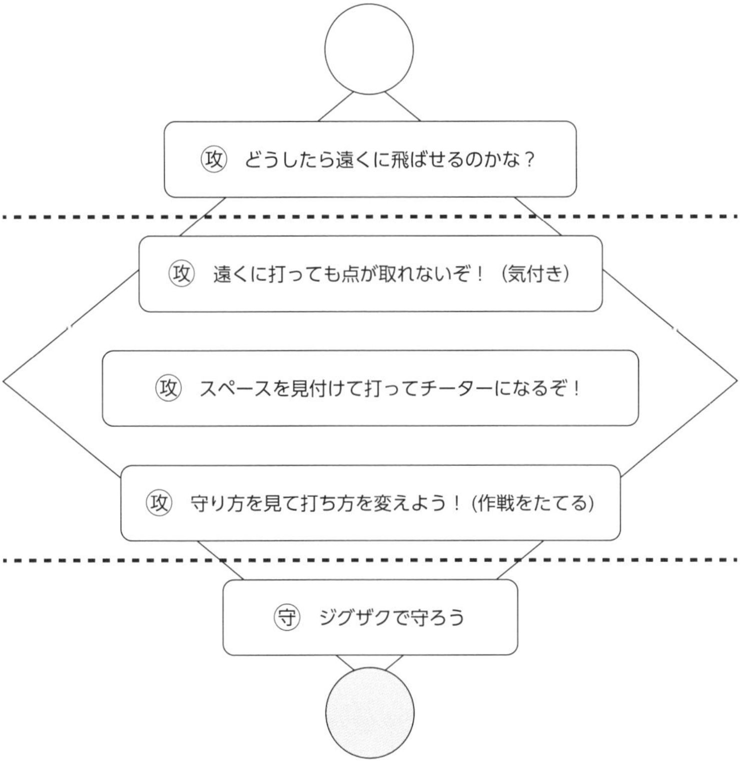

（攻）どうしたら遠くに飛ばせるのかな？

（攻）遠くに打っても点が取れないぞ！（気付き）

（攻）スペースを見付けて打ってチーターになるぞ！

（攻）守り方を見て打ち方を変えよう！（作戦をたてる）

（守）ジグザクで守ろう

　最後に「打つ」ゲームでは、初めてバットに触れる子どもたちが多く、意外にも女児たちの学習感想が「投げる・けるよりも楽しかった」「また、やりたい」という反応があった。

2　ステップ①②

　守りのヒントを引き出すためにも、バッティングに関してはポイントを示

した。立つ位置やスタンス、力強く振り切っている子どもの軸足に体重をかけてタイミングをとり、バットに当てる際に前脚に体重移動をさせる動きに注目もさせた。

一方で、子どもたちからは、バットのどの部分に当たるとボールが飛びやすいのかなどの疑問も出た。ただ、バットの芯に当たらずボテボテの当たりのほうが、守り側としては補球しづらく、得点につながることが多いことも伝えた。

ボール投げver,

ボールけりver.

バットで打つver.

3　リーグ戦〜仲間とのつながり

リーグ戦当初は、結果や勝敗にこだわり、チームの雰囲気が悪くなるようなケースもあったが、ゲームが進むにつれて、自分やチームの課題に気付き、話し合ったり、教え合ったりする姿が見られるようになった。また、自チームだけではなく、相手チームの動きからもポイントを見付け、それを試す姿もあった。これは、ルールが易しいからこそ、作戦がたてやすく、具体的な動きのポイントを言葉がけし易いのではないかと考える。

④ チーターゲーム名前の由来

「チーターゲーム」は、平成27年度の2年生の子どもたちとつくりあげたベースボール型のゲームである。「遠くまで打つことがおもしいのではなく、チーターのように速く走り抜けることがおもしろいゲームです」という女児

の学習感想を紹介したことが、名前の由来となっている。

⑤ 学習の発展

　低学年で愉しんだ「チーターゲーム」は、ルールが易しいことから、誰でも愉しむことができ、中学年で学習をするベースボール型ゲームの「試しのゲーム」として活用できると考える。

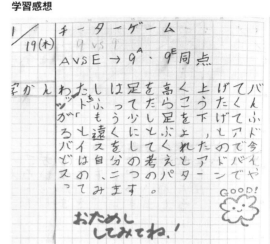
学習感想

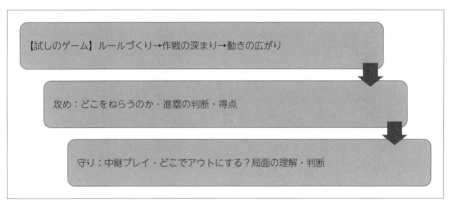

　【試しのゲーム】ルールづくり→作戦の深まり→動きの広がり

　攻め：どこをねらうのか・進塁の判断・得点

　守り：中継プレイ・どこでアウトにする？局面の理解・判断

　そしてルールを少しずつに難しくすることで、戦術のバリエーションや技術の課題も増える。その中で攻防のおもしろさにふれ、相手チームによって変わる作戦づくりのおもしろさも感じる。

　ゲームの中で動きの迷いがなく、局面の判断や動きがスムーズになったときにさらに愉しさに気付くのであろう。

（文責：佐藤文恵）

新しい教育課程への
期待と課題

デザインを経験する場をデザインする
～新しい学校教育への期待～

東京大学大学院教育学研究科教授　**藤江康彦**

❶ 「デザイン」の価値

　本研究は、学級での生活のなかに位置付けられてきた教科や総合的な学習の時間、特別活動等を、それぞれの領域ごとにその意味や学びのあり方を問い直し、集団の編成ごと分化させ、「デザイン実践」という視点からそれぞれの目的をより明確にしてその活動の質を高めていこうとする挑戦であるといってよいだろう。

　本研究が目指したのは『「学びを自分でデザインする子ども」を育む教育課程の創造』である。デザインという概念の意味は多様に存在するが、「あるものに別の意味や役割や機能や見えを与えること」ととらえる有元ら（有元・岡部、2008）によれば、人間の本性は「与えられた世界を生きるのではなく、自分たちのための意味や役割を与え、世界を任意に操作可能にしようとすること」であるという（有元・岡部、2008）。

　この論に基づけば、デザインの本質は「適応」と「活用」、そして「変革」であるといえる。新たに「創造」するのではなく、身の回りの「ひと・もの・こと」を使いやすく変形、配置、組織することである。そこに社会的な意味を付与すれば、他者と相互に活動をしやすいよう、自分たちで「制約」を創り出していくことであるといってよいだろう。

　本校では、子どもたちにそのような経験を積むことを可能にする教育課程を開発しているが、それは子どもたちを「実践者」として位置付ける（石黒、2016）ことで初めて可能となる。すなわち、子どもを学習の実践者、生活の実践者、としてみなすことである。

❷ 学びのデザインを実践する場としてのLaboratory

Laboratoryの価値は一言でいえば「学ぶ自分（あるいは学習者としてのアイデンティティ）」の涵養であるといってよい。それは次の二つのことを基盤とする。

一つには、「学ぶことの自覚」の経験である。Laboratoryは活動組織としては、コンテントベース、活動ベースの共同体であり、子どもたちは自ら選択して所属する。多くの場合、各人がその領域についての知識や技能を自分なりに有しており、そのことを前提として「わからない」ことについて探究を進める。探究の対象と方法は自ら選択することが可能なので、環境に存在する資源に対して敏感にならざるを得ない。また、「知りたい」「できるようになりたい」など内なる切実さに基づく探究が保障されるが、他方で権威としての科学、文化、社会が求める見方や考え方が活動への「制約」となる。子どもがそれらの制約を価値付け、次第にそれを取り込んで自らの探究に生かしていく。さらには、自ら制約を作り出していく。このことはまさにデザイン実践であるといってよいが、このような過程を通して子どもは「学ぶ」ことを自覚していくのではないだろうか。

二つ目には、「動機付けられた苦しさ」の経験である。Laboratoryは子どもが自ら所属集団や探究課題を選択する点で、活動に動機が内包されているといってよい。そのような動機が内包された活動であっても、子どもたちは探究の過程で、問いの精緻化、課題の設定、探究方法の選定、よりよい表現の吟味などの局面で行き詰まりやうまくいかなさなどの様々な「苦しさ」を経験する。その苦しさが新たな問いを生み、その新たな問いの探究というかたちで解消されることもあれば、諦めて最初に戻ることもあるだろう。自ら設定した問いであるからこそ探究の途上で遭遇する苦しさが主体性を初めとするなんらかの資質・能力の発揮の契機となり、そこでの試行錯誤の経験が学ぶことへの自覚を生み出す。

なお、このようなときには「教師による介入」が意味をもつといってよい。

アドバイス、対話、コーチング、メンタリング、など様々にありうるが、探究の質を高めていくための資源として教師からの働きかけが子どもの苦しさを解消することに向かえば、子どもにとっては環境における資源を活用することの有用性の自覚に結び付くかもしれない。

　いずれにせよ、これら二つが、学ぶことの対象化をうながし、経験が蓄積されることで「学ぶ自分」の涵養が進む可能性がある。

　このような子どもの経験を保障するためには、Laboratoryにおける子どもの姿をまずはよく捉えることが必要である。2022年度の研究のなかで、パブラボDXエントリーシートを主たるデータとしてLaboratoryの類型化が試みられた。子どもの学びを精緻に捉えている点で、研究の知見としてきわめて価値のあるものであるといえる。

　Laboratoryにおいてさらに目指すべきことは、学びの文化を学校に創っていくことである。学習指導要領に規定されない人間としての本来的な学びに学校での学びを近付けることに取り組むことの意味が共有され、子どもと子ども、子どもと教師、そして教師と教師が相互に探究のサイクルを尊重し、個性的な学びのあり方の価値を認め合えるような学校づくりに向かうことである。たとえば、自分の作品、研究レポートが次年度のLaboratoryやClassでテキスト、資料として活用されることなどは、自分の学びがほかの子どもの学びにつながることの実感となるだろう。また、中学校や高等学校との連携を通して、学校単位で同窓生、地域の人たちも巻き込んだ学習のコミュニティを創り、伝承していくことも有効であろう。

③ 学校生活のデザインを実践する場としてのHome

　1年生から6年生までの子どもたち数名ずつから構成されるHomeも特色の一つである。生活をデザインすることの意味をどう考えればよいだろうか。たとえば、ルールを例に挙げれば、ルールの可変性と実践主体としての責任について認識することの可能性を指摘することができるだろう。生活実践において子どもたちは「与えられたルールに従って行為する」だけではなく

「そのルールの合理性について判断して生活実践において活用する」こと、「自分たちの生活環境に適したかたちにそれらを改変して合理性を吟味する」ことや、さらには「自分たちで作ったルールを適用して生活環境をデザインする」ことに集団的に取り組むようになっていく。これらが、具体的な日々の生活実践を通して遂行されることに、Homeの教育的価値があるといってよい。

　年度当初、高学年を中心にHomeという活動についてとまどいをみせていた子どもたちであったが。年度末の6年生の卒業を祝うための会の企画、準備風景からは、学年よりも個人を基準とした役割分担、低学年の子どもも決して周辺的ではない参加の様相がみてとれた。Homeの理念は少しずつ子どもとも共有されてきているといえるだろう。

　そのほか、年度の後半には、Homeごとの特色ある取組がみられたり、Home対抗ドッジボール大会の開催など、特定のHomeの提案が全校で展開されるという出来事がみられた。子どもたちがHomeの活動に価値付けはじめたこと、所属Homeのメンバーとしてのアイデンティティが深まったことが示唆される。また、学年単位での活動がClassのみになったことへの対応としてClass Dayが設定されるなど、子どもにとってより居心地のよい環境づくりも進んでいる。

　次年度以降は子どもたちから提案される活動がより活発になることを期待したい。さらに、教師の側の活動として、年間行事の配置の工夫やそのモデル化、Home運営に関する情報交換を伴うカンファレンスを実施することで、教師のHome運営を支援していく体制づくりの構築が進むとよいだろう。

④ 「デザインされた学び」を実践する場としてのClass

　Classのよさは、教師の指導のもとで集団的、協働的に学ぶことが可能である点である。子どもたちが向き合う課題は、自身にとって必ずしも真正でないかもしれないが、教師の授業デザインのもとで、適切に科学や文化、社会と向き合うことを通して、世界の見方・考え方を拡げることができる。研

究においては、時数の調整に伴う内容の精選と学年単位で教科間の内容や子どもに育む資質・能力の関連の確認を中心としたカリキュラム編成の検討が進められた。とりわけ、近年の教育改革においてはカリキュラムや単元のレベルで実践を検討することが必須となっている。また、カリキュラム・オーバーロード等の課題も指摘される状況においては、研究成果のもつ意味は大きい。

　今後必要と思われることとして、次の二点が挙げられよう。

　一つには、Classが学習者集団として成熟するための方途について検討することである。2022年度は、子どもにとっても複数の帰属集団が初めてであり、教育課程上のClassの位置付けを必ずしも学習集団として意識していたわけではないだろう。それ以前の学級集団による教科授業の経験のほうが多い高学年ほど、Classは学習者集団というよりも同学年集団という意識が強かったように、授業観察からは見受けられた。しかし、Classでは同年齢であることや親密な関係性を基盤にした集団形成ではなく、学習内容に媒介された関係性を基盤とした集団形成が求められる。子どもたちの意識を変えることには時間がかかるが、教師が子どもの関係をつないでいくことを通して集団造りを進める必要があるだろう。

　二つには、授業デザインのありかたとともに、授業における子どもの学びをともに観ることを通して、子どもの学びについて学び続けていくことが教師には求められるであろう。Laboratoryに対してClassでは、教師の学習環境デザインに指導者としての意思が明確に表れるがゆえに、子どもの学びと学習環境との関係がより明確に誰にでも見えるかたちで観察されうる。子どもの学びをどのようにみとり、価値付けるのか。教師の学習環境デザインを超えた子どもの学びを肯定的に捉え、新たな学習環境づくりの視点をすべての教師がもてるような校内授業研究の実施が必要となるであろう。

❺ 教師の専門性の発揮の場としてのカリキュラム開発

　学校を基盤としたカリキュラム開発は、学校や教室がカリキュラムの創造

と修正の中心的な場であるという「実践・批評・開発モデル」（佐藤、1996）に基づいている。これは、研究から導かれた理論に基づいて開発されたカリキュラムを一律に普及させる「研究・開発・普及モデル」に対して、教師による、子どもの学習の事実とその可能性に即して営まれる教材研究や教科内容研究、授業研究といった実践過程を基礎とするカリキュラム研究のありかたである。

　開発されたカリキュラムは、日々の授業や学級経営のなかで、教室における子どもの学習の事実の観察と記録から、その子どもの学習経験とともに、子どもの要求、社会的要求、学問や文化の伝承という視点から批評され、修正される。日々の授業はカリキュラムに基づくが、同時にそのカリキュラムは日々の授業において、子どもや教師のカリキュラム経験によって批評され、修正される。そのようなサイクルが日常化することで、教師はカリキュラムを子どもや学校の実態に合わせてどのように編成するか、子どもの学習経験をどのようにデザインするかを思考する「カリキュラム開発主体」となっていく。

　本校の研究がもたらした大きな成果は、実はこの点にもある。教師もまた、デザイン実践の主体であったのである。

〈引用・参考文献〉
・有元典文・岡部大介（2008）「はじめに」、有元典文・岡部大介『デザインド・リアリティ：半径300メートルの文化心理学』北樹出版、12〜18頁
・佐藤学（1996）「カリキュラムを見直す」、佐藤学『カリキュラムの批評：公共性の再構築へ』世織書房、25〜45頁
・石黒広昭（2016）「序章　学校の心理学から実践のための研究へ」『子どもたちは教室で何を学ぶのか：教育実践論から学習実践論へ』東京大学出版会、3〜15頁

探究活動における小中高の連携

東京学芸大学附属高等学校・研究主任（〜令和4年度）　**松本至巨**

1　新しい教育課程の創造について感じること

　私は20年以上もの間、附属高校において附属世田谷小学校から中学校を経て入学してくる生徒を見守ってきた。世田谷小の卒業生は真面目な生徒が多く、高校でも授業や行事、部活動に熱心に取り組んでいる。これは小学校時代からどんなことも真剣に取り組むという教育がなされているからであろうと考えている。

　東京学芸大学の附属学校のうち、世田谷地区3校で月に1回程度教科ごとの研究会を開いている。その関係で世田谷小学校の授業を何回か見学したことがあるが、教科の内容についていろいろと考えたり意見を述べたりしながら子どもが楽しそうに学ぶ様子を観察することができた。しかし、2021年度のはじめに「今まで行ってきた教科ごとの授業を減らして、Laboratoryで探究的な活動を増やす」実践研究を始めると聞いたとき、高校で行っている探究活動につなげられるという可能性を感じるとともに、授業を減らすことにより基礎・基本の学習・習得が疎かにならないだろうかと正直心配になった。

　今回の研究開発の運営指導委員となり、世田谷小学校の先生から研究概要について伺い、Laboratory・Class・Homeの3つの取組をバランスよく行うと聞き、たいへん興味をもった。本研究のキーワードとなっている「学びを自分でデザインする」ことを、高校生でもできているかと言われると非常に回答が難しい。附属高校で生徒を見ていると、テストで点数を取るために教科ごとに勉強するが、そこで学んだ知識等を総合的に活かせるか、どのような場面で活用できるかなどといった思考にあまり接することができないというのが現状である。

　小学生から行う教科を越えた総合力を育む教育は、今後の中学校・高校の教育も大きく変えていくかもしれないと考えている。今回の実践では、学年の枠を超えて児童がともに学ぶということも面白いと感じた。高校では委員

会活動や部活動では複数の学年の生徒が一緒に活動している。小学校からの経験が中学・高校と学年が上がるにつれ洗練され、コミュニケーション力や個々の児童・生徒の人間的な成長につながると考えられる。

2 Laboratoryへの期待と課題〜高校へのつながりを考えて

ここからは私が高校教員として特に注目してきたLaboratoryについて述べる。本研究において行われているLaboratoryは中学や高校で行われている総合学習・探究に近い。高等学校では今年度入学生から「総合的な探究の時間」が始まり、以前と比べると生徒の探究活動への意識は広がりつつあるが、やはり各教科における学習が中心で探究活動を切り離して考えている生徒は少なくない。

これは大学入試を控えていることが大きな要因と考えられる。大学入試も変わりつつあるが、依然として教科ごとに出題する筆記試験を課す大学がみられ、生徒は難しい試験問題にできるだけ多く正答するために必死なのである。そのため、各教科で学んだことを総合的に生かして、自ら課題を設定し、深く学ぶ探究活動に時間を割く余裕がない。いろいろな教科の視点から総合的に学ぶことの大切さや楽しさを知り、未来を生きる力を身に付ける探究的な学びを小学生から積極的に行うことによって、中学・高校に進学した際の探究活動にも熱心に取り組むようになってくれることを期待している。

一方で、Laboratoryの時間を増やすことによる懸念として、子どもたちの成長・発達段階に応じた知識・技能を身に付けたり理解したりする時間が少なくなるということがある。子どもが考えたり、話し合ったりする活動は大切であるが、それなりの知識がないとより質の高い学びにつなげることは難しい。そこで大切にしてほしいのはClassにおける学びである。ここで身に付けた知識・技能等をLaboratoryでの学びに活かすことが求められる。

また、Laboratoryにおける思考・議論を行っている中で、ICT機器等を活用して個々に知識を身に付けることをもっと積極的に行ってもよいと思う。中学・高校で学ぶ基礎・基本となる小学校の知識は、適切な時期にしっかりと身に付けておく必要があると感じている。

コラム

Homeの子どもたち　ある日の6年生

❶ 4月　6年生のAさん

ピタゴラスイッチを作ろう

「先生、難しい。」

　Homeが始まったばかりの頃、6年生のAさんが悩んだ顔でこう言いました。話を聞いてみると、下級生と一緒にグループを組んで、遊びの企画をしていたときの悩みでした。1年生や4年生の子はある遊びがしたくて「いいね。」「楽しそうだね。」とテンポよく話し合っていきます。

　ところが、6年生のAさんは、その遊びを準備する時間、ルール設定、チーム決め、起こりそうなトラブルの予防など様々なことを順序立てて考えなければならないことに気付いていました。Aさんとしてはこのままではうまくいかないと察しているものの、それを下級生に伝わるような言葉で説得することが「難しい」と判断したのです。

　結局、Aさんは、そのグループの自主性を尊重し、伝えることをひかえてしまいました。結果は、案の定うまくいきませんでした。このように、開始当初のHomeでは、6年生が下級生よりも状況判断や他者配慮に長けているからこそ、一歩立ち止まって戸惑う姿や静観する姿が見られました。むしろ、表立って積極的にリーダーシップを発揮していたのは、4年生や5年生だったかもしれません。

❷ 11月　6年生のBさん

　1年生から6年生まで全員参加の宿泊行事、スポーツフェスティバルなど、共に生活をしていく中で、学年に問わず関わる姿がHomeで見られるようになりました。そんなある日、

　「○○ちゃん、それ、ほんとよくないと思う。それするとさ、みんなが…」

普段は寡黙なBさんが、低学年のある子に強
い口調で声をかけています。それは前々から
Homeの仲間や先生が気になっていた行動でし
た。1学期の間は、互いの関係性を配慮して優
しく声をかけ、静観していたBさんです。しか
し2学期後半になると「なぜこれがいけないの
か」ちゃんと説明をした上ではっきりと自分の思いを伝えるようになりまし
た。すると、低学年のある子も「うん、わかった。」と素直に聞き入れるこ
とができました。

風船バレー大会

きっと、Bさんとの信頼関係がしっかり構築されていたからこそでしょう。
言わないと伝わらないし、言えば伝わるものでもない。コミュニケーション
の難しさと大切さに気付いていく瞬間でした。

❸ 1月　6年生のCさん

豆まき

優しくて明るくて下級生からも人気者
のCさん。Cさんは誰に対しても分け隔
てなく積極的に関わってきました。そん
なCさんがHomeである議論の司会をしていた時のこと。

「先生、ちょっと今日は司会を代わってほしいです。」

Cさんがめずらしく暗い顔でそうつぶやきました。すると「じゃあ、私が
やるよ。」と言って下級生が司会を代わってくれました。Cさんに何があっ
たのかはわかりません。でも、6年生だってつらい時はつらいのは確かです。
「〜年生だから」と無理をして背負い込まず、つらいと言えること、また、
つらいと言ったら助けてくれる関係性を築くことが大切なのだと気付いてい
くことができました。

互いの違いを受け入れ、よりよく生活しようとする姿勢は学校内外に問わ
ず求められることです。子どもたちは、Homeでの話し合いや活動を通して
そうした価値や態度を身に付けていきました。　　　　　　（文責：清水　良）

時間割編成を行ってみて
～教務の立場から～

❶ 教員側から見た教科担任制の時間割

1　誰が何の教科を担当するか

　最初に、誰が何の教科を担当するのかを決めていきます。各教員の研究教科を担当することを原則として、教員の持ち時数がなるべく同じなるように調整しました。

　その結果、「6年3クラスの理科と3年1クラスの算数」「5年3クラスの社会と4年2クラスの算数」など、2教科を担当する教員も多くいました。教員によっては、校庭から教室に戻って授業をすることも出てくることが予想されました。教員の移動ということも時間割を組む際の視点となったのです。

2　時間割を組む難しさ

　学校教育法施行規則で定められている標準時数をもとに時間割を考えていきます。例えば音楽は、年間50時間実施することとなっています。年間35週とすると、週1時間では足りず、週2時間では70時間となってしまいます。つまり、同じ時間割で1年間を通すことは難しいのです。そこで、A週とB週を設け、2週間で音楽と図工を3時間ずつ行うこととしました。

　さらに、時間割を組んで全教員に見せると、「同じ学年の授業は、同じ曜日に行いたい」という声も上がりました。道具を並べたり、ラインを引いたりする授業準備のことを考えると、確かに同じ日に同学年の授業があった方がよいといえます。そのほかにも、それぞれの教員の授業が週の中で、できるだけばらけるようにするなど、いろいろと検討しなくてはいけないことが多いのです。

3　時数を調整する難しさ

　毎月末に授業時数を報告してもらって各教科の授業時数を確認していきました。すると、同じ教科でも組によって実施された授業時数の差が少しずつ

広がっていくところがでてきてしまいました。やはり祝日の多い月曜日や会議の関係でカットされることの多い金曜日の午後に授業が置かれている組は、どうしても時数の確保が難しいといえます。

　学級担任制のときは、専科の授業を入れ替えたり、担任自身が週の中で時間割を変更したりして調整してきましたが、教科担任制では難しいといえます。学期ごとに時間割を入れ替えたり、火曜日だけれど月曜日の時間割で授業を行ったりするなどの工夫が必要です。

② 子どもから見た教科担任制の時間割

1 「少し調べてから次の授業をむかえたいんだけれどな」

　私は、社会科の授業を担当しています。5年生は、週3時間あるのですが、一日おきにあるクラスもあれば、3日続けてあるクラスもあります。その続けてあるクラスの子どもから言われたのが上の見出しにした言葉です。家族に話を聞いてみる、自分で図書館に行って調べてみる、そのような時間をなかなかとるのが難しいといえます。見通しをもって子どもが学べるような時間割を検討していく必要があります。

2 金曜日の6時間目

　金曜日の6時間目にもClassの時間が設けられています。学級担任制だった昨年度も金曜日の6時間目に授業は行われていました。疲れもたまって集中するのが難しい金曜日の6時間目。計算ドリルに取り組んだり、漢字学習をしたりと個人で取り組める活動を多くするなどの工夫を私はしていました。しかし、教科担任制の時間割では、金曜日の6時間目にも週3回ある社会科の1時間が充てられています。昨年度のように個人活動ばかりを行うわけにはいきません。

＊

　教科担任制になり、教員にとっても子どもにとっても充実した時間となるように、時間割を編成する際、どのような工夫をしていけばいいのかについて、引き続き考えていく必要があります。　　　　　　　　　　（文責：松本大介）

ラボの学習環境を整える ICTの力

① 学びのリソースは、見えたり見えなかったり

いつ、どこで、何がつながるか予見は難しいのですが、「つながることを信じて、子どもたちが学びを蓄積していくことのできる学習環境をデザインしたい」そのような想いで、本校では次のような環境整備をGIGAスクール構想によって実現した1人1台端末やその周辺機器に対して行ってきました。

1 リアルタイム授業支援アプリ「MetaMoJi ClassRoom」の活用

クラスの仲間と同時に編集可能な「クラス学習ページ」や「グループ学習ページ」。個別の学習の蓄積が可能な「個別学習ページ」など、設定によって様々な用途で使用可能な「MetaMoJi ClassRoom」。Laboratoryの時間だけではなく、Classの時間にも学びの蓄積を行っています。特にOPP（One Page Portfolio）シートの作成を通して自らの学びを自覚させることに力を入れています。また、教師はそれを活用して授業を評価し、指導の改善も行ってきました。

ここに記録されている子どもたちの学びのポートフォリオは、進級した後もアクセス可能なものとなっており、必要に応じて子どもたちがアクセスし、自らの学びのリソースとして活用されていくことを期待しています。

資料1

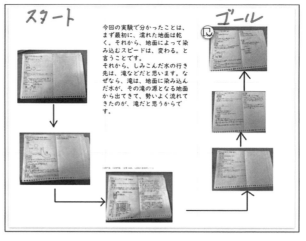

2　グループウェア「Microsoft Teams」の活用

　子どもたちの追究によって、様々な成果物が生まれてきます。それらの成果物の仲間と共有や、ラボの時間以外でのラボ担当者に対しての質問などは、「Microsoft Teams」の中で行われています。「MetaMoJi ClassRoom」とは異なり、様々なファイル形式のデータをアップロードすることができます。また、通知機能があることで子どもも教師も、投稿に対して素早く対応することができる利点があります。

　「Microsoft Teams」についても、「MetaMoJi ClassRoom」と同様に、過去の年度のチームにもアクセス可能にしており、学びのリソースとしての活用を期待しています。

3　「MottoSokka!」の導入

　ポプラ社の提供する本と学びのプラットフォーム「MottoSokka!」では、「総合百科事典ポプラディア」のデジタルコンテンツが使用可能となります。学校図書館では、同じ本が複数蔵書として存在している書籍は少なく、百科事典を用いての調べ物では、順番待ちをせざるを得ない状況も生まれています。電子書籍の導入は、そのような状況を解決する一つの方法です。また、タブレットさえあれば、学校図書館に行かずとも調べることが可能となります。調べ物の第一歩としてはつかいがってがよいものです。

4　学びのリソースとして

　子どもたちの学んできたことやその過程が、学びの履歴として蓄積され、いつでもアクセス可能な環境を整えることで、それらの情報を次の学びのリソースとして活用可能になります。しかし、活用できるリソースであるという子どもたちの認識はすぐには生まれません。Home、Class、Laboratoryのそれぞれの場面で、教師が意識的に「MetaMoJi ClassRoom」や「Microsoft Teams」を活用し、指導を行うことが重要となってきます。いつ、どこで、何がつながるか予見が難しいからこそ、日々の指導の積み重ねにより子どもたちの意識を変えていくことが必要となるのです。

5　周辺機器の更新

　GIGAスクール構想によって、子どもたちの学習環境は大きく変化してきました。それに合わせて教室の環境も改善を行ってきました。3教室に1台のプリンターを用意し、必要な資料をプリントアウトしたり、コピーを行ったりすることができるようにしました。また、ラボの仲間と学んできたことなどの情報を共有するために用いていたプロジェクターとスクリーンは現在、昼間の明るい環境でもしやすいように大型のテレビへと入れ替えを進めています。また、情報を共有するために有線で接続する手間を省くために無線での画面提示が可能なように環境を整えてきました。

　ICT機器の技術の進歩は非常に早いものがあります。ときに学校の学習環境よりも家庭の環境のほうが勝っていることもあります。技術の進歩においていかれることがないようにアンテナを張り、よりよい環境を整えていくことができるようにすることが非常に重要となってくるのです。

❷　子どもたちの学びを促進する個別最適化された環境の更新

　Laboratoryの時間における、子どもたちの学びたいことは千差万別です。それは、学ぶために必要な環境も千差万別であるということです。そこで、子どもたち一人ひとりの探究の方法に合わせて、学習環境も整えていく必要があるということです。

　ここでは、個々の追究したいことに合わせて導入を行ったアプリケーションを2つ紹介します。

1　「グラフィティを体験させたい」

　ヒップホップ文化の四大要素の一つであるグラフィティは、スプレーやペンキを用い

資料2

て描かれる「文字」や「絵」です。それらを実際に行うことは困難です。そこで、お絵かきアプリの「ibisPaint」を導入しました。このアプリを用いることで、体験を通して、興味や関心を高めることができるとともに、ヒップホッピに対する理解を深めることができました。（HIPHOPラボ）

2 「動きを客観的に捉えさせたい」

無回転シュートを蹴ることができたときと、できなかったときとでは、自分の体の使い方にどのような違いがあるのでしょうか。ハンドスプリングできるようになるためには、自分のやり方の何を変えればいいのでしょうか。

資料3

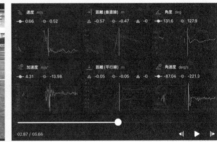

自らの動きをビデオで撮影し見比べて違いを見いだすことは可能でしょう。しかし、それをより簡単に行うことができるAIによるマーカーレス動作分析アプリの「SPLYZA MOTION」の導入により自らの動きを数値化し、分析することで子どもたちは改善点を見いだすことができました。

前者の子どもは、自らの成功した際の映像と失敗した際の映像を比較することで、「ボールと軸足との距離」や「腰の角度」に違いがあることを見いだし、無回転シュートの打ち方についての追究を進めていくことができました。

後者の子どもは自らの動きを撮影したビデオと、インターネット上などにあるハンドスプリングを成功させている人の動画を比較し、「手を着いたときの肘の角度」や「背中の反り方」などに違いがあることを見いだし、自らの成功につなげることができました。（スポーツラボ）

（文責：梅田　翼）

Laboratoryを支えるメディアルーム

❶ Laboratoryのメディアルーム

1　子どもの姿

　様々な研究室の子どもたちが、それぞれのタイミングでiPadを片手にメディアルームにやってきます（本校では、学校図書館をメディアルームと呼んでいます）。Laboratoryの開設当初は、自分のテーマを決めるために本を参考にする子どもが多くみられます。その後は、自分のテーマの方向性を再確認するため、静かな場所で考えをまとめるため、作業をするためと来館の目的は様々です。

　メディアルームに来た子どもたちには、どんなテーマで探究しているのかを聞くようにしています。図鑑で色々な動物を楽しそうに調べている3年生がいました。テーマは、食物連鎖でしたが、このまま図鑑で動物を調べているだけでは、この学校が目指すLaboratoryとは言えないと感じていました。この状況を担当の先生に話しました。

　その後、身近な生きものを研究するということで、学校の池にいるザリガニについて調べることにしたようです。ザリガニの生態は図鑑で調べ、自分でも観察をし、ザリガニはどんな状況で隅に逃げるのかを実験で確かめたようです。情報を収集するだけで終えてしまうのではなく、そこから自分なりの考察をしたり、実験したりとその子のオリジナルな探究ができたようです。

❷ Laboratoryを支えるメディアルーム

1　情報収集のために

　本の探し方を見ていると、すぐに検索機に向かう子どもが多くいました。自分のテーマを直接入力し、本を見付けられないで困っているのです。子ど

もたちには、自分のテーマが、どの分類の棚にありそうかを考えるように指導しています。イルカの本は4類の棚、料理の本は5類の棚というように、本棚の前に立って本を探すことをすすめています。それによって、思ってもみなかった本に出会うことがあり、視野が広がっていくこともあります。

　また、本を探す手伝いをするのが、司書の仕事であることを伝え「困ったときは、司書に相談しよう！」と言っています。相談を受けたときは、どんなことを調べたいのかと会話しながら子どもと一緒に本を探します。会話しながら様々な本を見ているうちに、自分の調べたいことが明確になってきたり、調べる方向性が見えてきたりする子もいます。レファレンスインタビューを丁寧に行うことの有効性を感じています。

2　蔵書の充実のために

　探究を支えるためには、蔵書の充実が欠かせません。探究心を刺激するような本の購入を心がけています。また、どんなLaboratoryの研究室が開設されるかを気にかけ、それに関係すると思われる本の購入も計画します。各研究室の先生から依頼も受けます。

　相談に来た子どものテーマの本がなかった場合は、他の図書館から借りたり、新たに購入したりします。学校図書館は、使われてこそ蔵書も充実してきます。活発なLaboratoryが行われることにより、学校図書館の蔵書のさらなる充実に期待しています。

＊

　子どもたちに「参考になる資料が見付かった」「いつも司書がいるので相談にのってもらえる」「ヒントが見付かった」「困ったときは、メディアルームに行ってみよう」と言ってもらえる場所でありたいと思っています。

　資料を写すだけ、知識を蓄積するだけの探究にならないように、テーマを吟味し、どんな道筋で探究を進めていけばよいかをともに考え、Laboratoryを支えていきたいと思っています。　　　　　　　　　　（文責：金澤磨樹子）

いのちの大切さについての認識を高める校内フィールドの開発

　本校の教育課程において、生命尊重は、理科のほか総合学習「自然事象と関わる活動」として行われている生活、道徳等の授業で取り扱われています。近年、アレルギー等の問題により、普通教室内で生物を飼うのが難しくなってきている中、本校理科部では、子どもたちが日頃から容易に身近な生物と接することができ、その活動や体験を通して、生命を実感したり尊重したりできるようなフィールドの開発を目指してきました。

❶ ネイチャーゾーン周辺の整備とフィールドの開発

　校内の多くの場所は、用務主事さんによって、きれいに草刈りが行われています。ところが、すべての草を刈ってしまうと生命を尊重する子どもの心情を高めることが期待される生物をことごとく排除してしまいます。

　そこで、本校理科部は、中庭の百葉箱からカモ池、鳥小屋付近、および、ひょうたん池の周辺をネイチャーゾーンに指定し、用務主事さんには、「その区域の草を刈らないでください」とお願いしています。

　しかし、あまりにも草が伸びすぎて、子どもたちが、安全に活動できなくなるのを避けるため、わたしたちが日頃から見回りをして草の丈詰めや清掃を行っています。

1　中庭散歩道～自然観察路

　今から20年ほど前、当時の理科専科教員と理科助手さんによって、中庭散歩道が整備されました。当初は木道でしたが、これを引き継ぐ形でコンクリートブロックとレンガによる本格的な自然観察路を、用務主事や理科助手の皆さんの協力を得ながら10年ほどかけて整備してきました。

　自然観察路は中庭付近を起点として、東側は児童館（講堂）付近までネイチャーゾーンを通り抜けています。一方、西側は正門の近くにある用務主事室裏まで延びています。また、日頃から清掃しているため、理科室や普通教

室から上履きのまま出てすぐに活動できます。東ルートから西ルート、あるいは、西ルートから東ルートという具合に、別館特別教室棟を一周して、容易に自然観察ができます。

ネイチャーゾーンには、季節の草花とこれらに集まってくる虫はもちろん、エノキ、クワ、ケヤキ、アカメガシワ、スダジイ、フジ、センダン、ハゼ、トウネズミモチ等の木々が自生しています。こうして、ネイチャーゾーンを中心としたフィールドは、Classの授業はもちろん、Laboratoryの時間における追究の場、Homeにおける活動の場にもなります。

2　カモ池と鳥小屋周辺の整備

中庭にあるコンクリート製の人工池は、マガモに酷似したアオクビアヒルがいたことからカモ池と呼ばれてきました。ところが、アヒルの世話には、かなり手間がかかるため飼育を取りやめました。

ネイチャーゾーンにおける学習活動

今この池には、フナ、コイ、キンギョなどが暮らしているほか、春にはアズマヒキガエルが訪れて産卵し、オタマジャクシが小さなカエルへと成長していく様子が見られます。

この池に生息する生物には餌を与えることはなく、時折井戸水を注水するだけです。池の水を採集して顕微鏡で見ると、小さな生き物が多数生息していることが分かります。こうしてこの池の中だけで、おおむね生態系が成り立っているということができます。

一方、鳥小屋では約30羽の雑種チャボを飼育しています。鳥小屋の前は鳥インフルエンザ対策のため、全体を網で囲み、野鳥との関わりを遮断したチャボの運動場になっています。そこではチャボが砂浴びをしたり交尾をしたり、また、けんかをしたりする様子を、目の前で見ることができます。授業や中休み等で中庭を訪れた子どもたちは、シロツメクサやハコベなどの植物をチャボに与えたり、チャボの暮らしを観察したりしています。

❷ 子どもが生命を実感するときとは？

　Laboratoryが始まって２年目に、「命と心のラボ」を開設しました。所属することになった子どもはわずか３名でした。第１回目には、その名称がもつ抽象性を紐解いて具体化していくために筆者自身の家族の話から始めました。子どもが誕生した頃のことや病死した父のこと等を、包み隠すことなく話していくうちに、家族について相互に語り合う場が生まれ、雰囲気が次第に和んでいきました。

1　命の大切さを実感する

　活動の拠点となった理科室付近に存在する命と言えば、前述のとおりネイチャーゾーンや造形広場等で生育する植物、これらに集まってくる虫、カモ池に棲むフナ、コイ、キンギョ、鳥小屋のチャボ等が挙げられます。３名の所属児童が選択したのはチャボでした。その段階で小屋にいたのは、老齢のオス１羽とそのパートナーのメス２羽、そして、これらの子どもの若いオス１羽と若いメス２羽の計６羽だけでした。

　こうした状況の中、若いオスと若いメスとの間に１羽のひよこが孵化しました。ところがある日、水飲み用トレイの中で溺れて、瀕死の状態になっているひよこが見付かりました。

　すぐにからだをよく拭いて水を飲ませると、ひよこは元気に水を飲みました。そして、メス３羽を集めて、ひよこを温めさせました。その結果、ひよこは一命を取り留めて、現在では群れのボスに成長しています。

　そのエピソードを所属の子どもたちに話すと、命の大切さを実感するとともに、チャボへの愛着が高まってきたようでした。こうして、チャボには１羽ずつ名前を付けていきました。

2　生まれてくる命と消えていく命の大切さから探究へ

　６月終わりの朝、筆者が鳥小屋の中を見ると、前日まで元気だったメスのクッキーが倒れていました。所属児童３名にはすぐに知らせて、死んでいるのを確認し、クッキーを動物墓地に埋葬しました。チャボの死を目の当たり

にした3名はかなりショックを受けたようでしたが、元気に生きている6羽に対して、ますます愛着をもつようになっていきました。

常時活動化するLaboratory

夏休み中には、太陽（オス）とショコラ（メス）との間に2羽、さらには、太陽とフタバ（メス）との間に4羽のひよこが誕生しました。ひよこの頃、溺れた経験がある雛はよつばと名付けられ、生後3ヶ月を過ぎて、とさかが大きくなってきたことからオスであることが分かりました。

発掘されたクッキーの頭蓋骨

2学期が始まり、数が増えているチャボに驚く3名の所属児童。早速、生まれたひよこに名前を付けました。前者には、ショコラに倣い、スイーツ系のクリームとチョコ、後者には、フタバとよつばに倣い、青葉、琴葉、木葉、光葉と名付けました。

中庭は校内では意外と人気がある場所で、低学年から高学年まで、生き物が好きな子どもたちがよく集まってきます。所属児童も、中休みや理科の前後に、しばしばチャボのところに立ち寄るようになりました。そんなときにまた異変が発生しました。「あの黒いひよこ、口で呼吸しているよ」という低学年の子どもの一言から、生後2ヶ月のチョコは、何らかの呼吸器系の障がいをもっていることが分かりました。

早速チョコを若いメスに温めさせたり理科準備室に隔離したりしたものの、チョコは次第に衰えて、立つことさえできなくなり、そのまま死んでしまいました。

約70日しか生きられなかったチョコをクッキーのすぐ近くに埋葬しようとしたとき、「これってクッキーの頭蓋骨じゃない？」と驚く所属児童たち。そこには、少し前まで生きていた命の大切さを実感するとともに科学的に探究しながら学んでいこうとする心の芽生えを見取ることができました。こうして生物と直接触れ合うことにより生命の大切さを実感しながら学ぶ子どもたちが育っていきます。

（文責：堀井孝彦）

第5章

おわりに

　「学びを自分でデザインする子ども」を育む教育課程の創造を目指し、本校は、昨年度より、Home、Class、Laboratoryという３つの領域による新たな教育課程のもと、毎日の学校生活を送っております。

　朝、子どもたちは、登校したら、まずHomeの教室へ向かいます。１〜６年生が共に生活するHomeでは、出席観察、健康確認をした後、朝の会、Homeでの活動をします。「日々の生活について」「宿泊活動に向けて」「スポーツフェスティバルに向けて」「卒業の会、入学の会に向けて」等、日々の生活や様々な行事に向けての準備や話し合いを行い、異学年の子どもたちで活動をつくっていきます。
　私たちが小学生くらいの頃には、地域にいる子どもが多く、学校では主に同学年の子どもたちと生活し、家に帰ると近くの子どもたちと異学年の子どもたちで遊ぶことが多かったように思います。同学年で生活する経験だけでなく、異学年で生活する経験も多くありました。時には学年を越えて喧嘩になることもありましたが、その中で、上の学年の子を慕い、下の学年の子を労り、弱い立場の子にはハンデキャップを設定し一緒に遊ぶ工夫をする等、多くの社会性を学んでいたと、今になって思います。
　しかし、現代はどうでしょうか。地域の子どもの数は減少し、下校後も習い事に行くことも多く、ましてや本校のようにいろいろな地域から通学しているという状況の中で、地域で異学年の子どもと交流する機会はどれほどあるでしょうか。そういう場を学校で意図的に設定していく必要があるのではないでしょうか。Homeでの活動を通して、「みんな」にとってよりよい生活とは何かを考え、時代を越えて大切にしたい公共性を育成していくことを目指していきたいと考えています。

1〜4校時はClassの時間になります。1、2年生はこれまでと大きな変更はなく、学級担当の先生と一緒に学習を進めます。3〜6年生は、教科によって担当の先生が変わる「教科担当制」となります。各教科のカリキュラムを、教科の背景になっている文化や科学に触れ、子どもの世界の見方・考え方を広げられるようなものにすることを目指しています。担当の教科について研究を進めている教員を中心にして、情報交換をしながら教材研究を深めることで、学習の質の向上を目指していきたいと考えています。

　火・木曜日の午後には、Laboratoryの時間になります。3年生は学年内で、4〜6年生は異学年で、子ども一人一人が「学びのビジョンをもち、それに迫るためにどういった目標・道筋、表現方法が必要になるかを思考し選択する」ことのできる学習環境の創造を目指しています。

　これまで経験したことのないことの連続で、全教員が一つ一つ確認をしながら進めるため、これまで以上に時間を要することもございました。しかし、本書でご紹介したとおり、子どもたちの育ちをみることができ、大きな手ごたえを感じています。本書をお読みいただいた皆様から忌憚のないご意見をいただき、「学びを自分でデザインする子ども」の育成に向けてさらに邁進していきたいと考えております。

　最後になりましたが、研究開発学校の機会をいただきました文部科学省、私たちが困ったときに親身になって相談にのって下さり、ご指導をいただきました運営指導委員の先生方に厚くお礼を申し上げ、謝辞といたします。

　令和5年6月吉日　東京学芸大学附属世田谷小学校副校長　**越後　佳宏**

東京学芸大学附属世田谷小学校

教育研究同人一覧 (2023)

及川　研（学校長）	越後佳宏（副校長）	齊藤　豊（主幹）
●河野広和（研究主任）	稲垣悦子	梅田　翼
●大島静恵	●岸野存宏	●木村翔太
●久保賢太郎	●栗田辰一朗	●小山貴裕
今　里衣	佐藤文恵	●清水　良（研究開発）
●瀧藤　潤	髙橋達哉	武田　渉
長坂祐哉	●名渕浩司	難波怜央
沼田晶弘	●箱﨑由衣	堀井孝彦
松本大介（主幹）	●宮田浩行	八代りり
金澤磨樹子（司書）		

教育研究同人一覧 (2019〜2022)

大井田義彰（前校長）	松浦執（元校長）	朝蔭　恵美子
●大澤俊介	●大櫃重剛	面川怜花
桑野桜	鴻巣　敬	●庄司佳世
●髙橋麻里奈	●永山香織	西川義浩
早川光洋	福島奈緒	福田淳佑
森尻　彩		●は歴代研究部、五十音順

運営指導委員（2023年度）

松浦　執（東京学芸大学教授・運営指導委員委員長）

上野　正道（上智大学教授）

岸　　学（東京学芸大学名誉教授　教育インキュベーション推進機構　共同研究員）

藤江　康彦（東京大学大学院教育学研究科教授）

益川　弘如（聖心女子大学教授）

松本　至巨（東京学芸大学附属高校・総務部長）

渡邉　裕（東京学芸大学附属世田谷中学校・研究主任）

運営指導委員（2019〜2022）五十音順

金子　嘉宏（東京学芸大学教授）

狩野　賢司（東京学芸大学教授）

恒吉　僚子（東京大学教授）

林　　正太（東京学芸大学教授）

正木　賢一（東京学芸大学教授）

鈴木　　誠（東京学芸大学附属世田谷中学校・研究主任）

学びを自分でデザインする子どもを育てる学校

2023（令和5）年6月10日　初版第一刷発行

著　者：東京学芸大学附属世田谷小学校

発行者：錦織　圭之介

発行所：株式会社　東洋館出版社

　　　　〒101-0054　東京都千代田区神田錦町2-9-1

　　　　　　　　　コンフォール安田ビル2階

　　　代　表　TEL 03-6778-4343

　　　営業部　TEL 03-6778-7278

　　　振　替　00180-7-96823

　　　U R L　https://www.toyokan.co.jp

装　幀　中濱健治

本文デザイン・組版　株式会社明昌堂

印刷・製本　株式会社シナノ

ISBN978-4-491-05300-4　　　　　　　Printed in Japan